大家小书

陶渊明批评

萧望卿 著

北京出版集团公司
北京出版社

图书在版编目（CIP）数据

陶渊明批评 / 萧望卿著 . — 北京 ： 北京出版社，
2016. 6
（大家小书）
ISBN 978-7-200-12187-2

Ⅰ . ①陶… Ⅱ . ①萧… Ⅲ . ①陶渊明（365-427)—
人物研究 Ⅳ . ①K825. 6

中国版本图书馆CIP数据核字（2016）第112600号

总策划：安 东 高立志 责任编辑：高立志

· 大家小书 ·

陶渊明批评
TAO YUANMING PIPING
萧望卿 著
*
北 京 出 版 集 团 公 司
北 京 出 版 社 出版
（北京北三环中路6号 邮政编码：100120）
网 址 ： w w w . b p h . c o m . c n
北 京 出 版 集 团 公 司 总 发 行
新 华 书 店 经 销
北 京 华 联 印 刷 有 限 公 司 印 刷
*
880毫米×1230毫米 32开本 6.375印张 104千字
2016年6月第1版 2022年12月第4次印刷
ISBN 978-7-200-12187-2
定价：36.00元
质量监督电话：010 - 58572393

萧望卿像

与友人季羡林、王瑶等合影

萧望卿在书房

从旧书店购得《圆明园》
一册，幸甚

宏基老兄
希能修濬浚游圆明园畫路
时之 雅芒，君发美廖，写成好诗。

望卿
一九八八年
一月二十九日

萧望卿手迹

作者悬于书房的沈从文亲赠手迹三幅

國文月刊社用牋

望卿先生尊鉴：所惠
复示，暨「五言诗的艺术」
先序文，草四健竟光爱不釜。佩铭先
「评」甚好。今呈上出版权授奖契之二纸之
签署，寄回其一。其保证人可请佩弦先生任
之。是书分量不多，排校甚易，出版之期当不
至甚迟。國文月刊颇感顽利
尊著以饲读者，尚新
不二業，有以慰之。余不多陈。敬颂
撰祺。

关于《陶渊明批评》的出版，叶圣陶具函萧望卿

陶淵明批評

开明书店初版《陶渊明批评》一书的封面

大家小書

大家写给大家看的书

序　言

袁行霈

　　"大家小书"，是一个很俏皮的名称。此所谓"大家"，包括两方面的含义：一、书的作者是大家；二、书是写给大家看的，是大家的读物。所谓"小书"者，只是就其篇幅而言，篇幅显得小一些罢了。若论学术性则不但不轻，有些倒是相当重。其实，篇幅大小也是相对的，一部书十万字，在今天的印刷条件下，似乎算小书，若在老子、孔子的时代，又何尝就小呢？

　　编辑这套丛书，有一个用意就是节省读者的时间，让读者在较短的时间内获得较多的知识。在信息爆炸的时代，人们要学的东西太多了。补习，遂成为经常的需要。如果不善于补习，东抓一把，西抓一把，今天补这，明天补那，效果未必很好。如果把读书当成吃补药，还会失去读书时应有的那份从容和快乐。这套丛书每本的篇幅都小，读者即使细细地阅读慢慢地体味，也花不了多少时间，可以充分享受读书的乐趣。如果把它们当成补药来吃也行，剂量小，吃起来方便，消化起来也容易。

我们还有一个用意，就是想做一点文化积累的工作。把那些经过时间考验的、读者认同的著作，搜集到一起印刷出版，使之不至于泯没。有些书曾经畅销一时，但现在已经不容易得到；有些书当时或许没有引起很多人注意，但时间证明它们价值不菲。这两类书都需要挖掘出来，让它们重现光芒。科技类的图书偏重实用，一过时就不会有太多读者了，除了研究科技史的人还要用到之外。人文科学则不然，有许多书是常读常新的。然而，这套丛书也不都是旧书的重版，我们也想请一些著名的学者新写一些学术性和普及性兼备的小书，以满足读者日益增长的需求。

"大家小书"的开本不大，读者可以揣进衣兜里，随时随地掏出来读上几页。在路边等人的时候，在排队买戏票的时候，在车上、在公园里，都可以读。这样的读者多了，会为社会增添一些文化的色彩和学习的气氛，岂不是一件好事吗？

"大家小书"出版在即，出版社同志命我撰序说明原委。既然这套丛书标示书之小，序言当然也应以短小为宜。该说的都说了，就此搁笔吧。

陶渊明批评

前　言

杜志勇

　　不少看似久远的作品至今读来依然让人眼睛一亮，甚至惊异。其中有的曾经一度饱受赞誉，然而因为地域、政治等非学术原因，今天知道的人不多了。"大家小书"希望挖掘这些价值不菲的遗珍，我不假思索地要推荐萧望卿先生的《陶渊明批评》。

　　《陶渊明批评》最早于1945年9月至1946年1月分三次连载于《国文月刊》，后由沈从文先生推荐给李健吾，继而介绍给叶圣陶，纳入"开明文史丛刊"，由开明书店在1947年7月出版。好评不少，因此1949年即获再版。此后尽管台湾又重印过六次，而大陆一直没能重版。加之萧先生的主要学术活动集中在1949年以前，以至于萧望卿这个名字诚如陶渊明唐前的影像，对于普通读者实在太朦胧了；他的著作的真晖也不幸隐没多年。

　　萧望卿（1917—2006）又名肖望卿，字成资。湖南宁远人。1940年考入西南联大师范学院英语系，旋即转入中文系，结识沈从文先生，在沈先生的关怀和指导下开始文学创作。1945年入清华大学文科研究所中国文学部，师从朱自清、闻一多两位先生继续深造，因此结识了林庚、季羡林、王瑶等先进学长。萧望卿1946年先行返京，闻一多师相嘱到清华会合，一起讨论唐诗。不料闻先生在当年7月15日遭到暗杀，其导师只剩朱自清先生一人了。1947年6月，萧望卿参加毕业初试，论文题目为《李白的生活思想与艺术》，考试委员有陈寅恪、浦江清、俞平伯、余冠英、雷海宗、张岱年、游国恩诸先生。研究生毕业后，曾任教于河南商专、广西桂林艺术师范学院、东北师范大学、河北师范学院等学校。

北京大学杜晓勤教授认为萧望卿是"为数不多的对李白思想做全面、深入分析的学者之一"。但他最成系统、最为人熟知的作品当属《陶渊明批评》（以下简称《批评》）。《批评》一书的最早发表时间，恰好是萧望卿研究生入学的时间，应该是在其读本科时完成了该书写作。

关于这本书的导读，朱自清序《日常生活的诗》，已经成为经典文章，读者自可展开欣赏。本文只拟在综合前辈学者相关评论的基础上，谈一谈本书的学术史意义。

第一，作者扬弃了传统考据的立场，而是在对陶渊明抱以"了解之同情"的基础上，采用文学批评的视角来研究陶诗。

这种视角是以前不多见的，所以朱自清先生在本书《序》开篇就为这种方式正名，"这是一个重新估定价值的时代，对于一切传统，我们要重新加以分析和综合，用这时代的语言重新表现出来。"进而又言："我们这时代认为文学批评是生活的一部门，该与文学作品等量齐观。"这种观念和罗兰·巴特的话很近似，也是朱自清、闻一多、沈从文等那班代表当时文化最前沿的有识之士的共识，他们集学者、作家于一身，并以西南联大、清华大学等地教席为阵地，培养出一批践行他们主张且一专多能的优秀支持者，萧望卿和穆旦、汪曾祺、王道乾、郑敏、吴小如等人皆身列其中。《批评》出版后，吴小如以少若之名撰文评论，发表在1948年1月的《文学杂志》上。"我相信，治文学所应走的路，单凭饾饤的考据或渺茫的创作是不够的，到终结，还该回到'欣赏'与'了解'古典作品这一条路。此书虽小，却不啻为后人开的一扇法门，点一盏明灯。"①这实际上是指出了《批评》介于考据与创作之间的典范意义。吴小如还以《批评》的语言为例，指出文学批评应该达到的境界："作者的情感，却用一种不假雕饰便成绮绣的

---

① 吴小如：《陶渊明批评》（书评），《文学杂志》第二卷第八期。

词采铺摛绩织而成。这本小书，不独可作为专门读物，且可用来当纯文学的作品看，即此已合于'文学批评'也应该是'文学'作品的条件与标准。"充满创作激情的萧望卿，以飞扬的想象力、细密的逻辑、隽永的笔致从容道来，直把《批评》锻造成为名副其实的学术美文。

第二，有新视角，自然会看到新风景。"从艺术性方面分析渊明四言、五言诗的优劣，这是《批评》一书的最大特点。用一部书中绝大部分篇幅对渊明诗进行艺术分析，这不仅在萧望卿此书之前所未见，即其后亦极少见。这一特点，便是萧望卿在陶学史上的贡献。"[①]详人所略，知难而进，这是朱自清序言所一再褒扬的。

作者如此做，具有明显的西方"新批评"的印记。他读书期间，接受瑞洽慈、白璧德等西方一线批评大家的课程是自然的，《批评》一书的引文除了艾略特、瑞洽慈，还有叶芝、瓦雷里、蒲伯、朗吉努斯、西密拉等人的观点，精细到从音调、节奏的语言内部探求文学风格的养成，这在今天读来还是让人钦佩的。

《批评》是在西方诗学参照下讨论陶渊明诗歌的一本标志

① 吴云《陶学一百年》，《九江师专学报》1998年第1期。

　　　　　　　　　　　　陶渊明批评

性著作。关于陶渊明诗歌的评述重要的此前有两波：一波是梁启超和陈寅恪，一波是林语堂、朱光潜和鲁迅。梁启超的《陶渊明》是用传统诗学知人论世方法，结合西方政治社会学分析来立论的，赞赏陶渊明"真能把他的整个个性端出来和我们相接触"，"渊明的一生，都是为精神生活的自由而奋斗"；这引起了陈寅恪的论争，陈文《陶渊明之思想与清谈之关系》，特别强调陶渊明的士族出身和气节、天师道信仰和新自然观思想。随后林语堂在《生活的艺术》中标举陶渊明"这位中国最伟大的诗人，和中国文化上最和谐的产物"，"因为陶渊明已经达到了那种心灵发展的真正和谐的境地，所以我们看不见一丝一毫的内心冲突，所以他的生活会像他的诗那么自然，那么不费力"。接着朱光潜《诗论》有陶渊明专章，融合西方心理学知识，同时引用温克尔曼的观点，提出陶诗"如秋潭月影，澈底澄莹，具有古典艺术的和谐静穆"，他后来又在《说"曲终人不见，江上数峰青"》接着发挥："艺术的最高境界都不在热烈。……屈原、阮籍、李白、杜甫都不免有些像金刚怒目，愤愤不平的样子。陶潜浑身是'静穆'，所以他伟大。"这引起鲁迅的针锋相对，他说陶潜"正因为并非浑身静穆，所以他伟大"，并指出："陶诗中除论客所佩服的'悠然见南山'之外，也还有'精卫衔微木，将以填沧海；刑天舞干戚，猛志固常在'的金刚怒目式，在证明着他并非整天整夜的飘飘然。"萧望卿的《批评》汲取了这两次大论争的营养，有兴趣的读者可以参看并比较。

作者在新的批评参照系上，表达一个新的态度，也使用了新的概念，并对后来文学史写作产生了重要影响。据笔者查阅各类文献，"玄言诗"这一概念在出版物中首次提出和使用，当归于萧望卿名下。《批评》中多次使用"玄言诗"一词，"陶渊明的四言诗也是从《诗经》导引出来……而玄言诗的影响就只在说理一方面。" 不仅使用了这个名词，更是指出了玄言诗的特点：说理。于是，玄言诗这类作品有了自己的专属称谓，成为诗学史的重要范畴，为后来的文学史所沿用。一般说来，这个概念的提出被追溯到朱自清的《经典常谈》和《诗言志辨》，但两书的初版分别在1946和1947年。至于玄言诗这个概念的最早提出，也许是萧望卿直接接受了朱自清的影响，也许是师生学问相长的一个范例。

作者关于陶渊明、李白、《陌上桑》等系列研究，"当时评论界就认为：袁可嘉、萧望卿的论文已经成为'替换老辈'的优秀成果。"[1]而此时萧望卿年仅三十岁。

---

① 傅秋爽主编：《北京文学史》，人民出版社2010年版，第332页。

值得敬重的还有：作者不仅在古代文学批评研究方面卓有建树，还同时涉足于文学创作、诗歌理论、现当代文学研究等诸多领域。在沈从文先生的鼓励和指导下，相继发表了《李其芳》（1942）、《七月》（1942）、《乌鸦》（1946）、《山城的小湖》（1946）、《桂花林里》（1948）等作品，他在平津文坛崭露头角，成为"'新写作'的新生力量"。[①]其散文创作尤其突出，被评价为"能于绵密深厚，委曲周至中得疏宕空阔之趣者"（吴小如语）。作者不仅创作新诗，还是新诗理论的积极思考者，他把关注视野投向现实题材，发表了《诗与现实》、《新诗的动向》等文章，被看作是"活跃于平津文坛的评论家"[②]。这个平津作家群对接当时西方思潮，希冀一个中国的文艺复兴。作为其中的一员干将，萧望卿积极放眼国外优秀作品，凭借扎实的英文功底，翻译了英国J.罗斯金的《山雾》、W.H.赫德逊《她自己的村落》等作品，为当时的新文学创作带来一股新鲜的给养。

1949年之后，萧先生颠沛流离，精力被严重分散，无法进

[①] 段美乔：《论1946—1948年平津文坛"新写作"的形成》，《文学评论》2001年第5期。

[②] 张松建：《现代诗的再出发：中国四十年代现代主义诗潮新探》，北京大学出版社2009年版，第73页。

行正常的创作和研究。1988年退休后，他准备重拾河山，把浪费的时间追回来，不幸又罹患白内障，几近失明，直至1995年手术之后才见好转，他能接着做的也主要是接引后进。萧先生总是慨叹这辈子没有什么成绩，有愧于朱自清、闻一多两位导师，也对不住沈从文先生的期望。先生如此自责，充满了对流逝光阴的无限惋惜，但其已经取得的学术成就是不会被遗忘的。

2013年12月

于河北师范大学文学院

目　录

日常生活的诗

（朱自清序）

　　中国诗人里影响最大的似乎是陶渊明、杜甫、苏轼三家。他们的诗集，版本最多，注家也不少。这中间陶渊明最早，诗最少，可是各家议论最纷纭。考证方面且不提，只说批评一面，历代的意见也够歧异够有趣的。本书《历史的影像》一章颇能扼要的指出这个演变。在这纷纷的议论之下，要自出心裁独创一见是很难的。但这是一个重新估定价值的时代，对于一切传统，我们要重新加以分析和综合，用这时代的语言表现出来。本书批评陶诗，用的正是现代的语言，一鳞一爪，虽然不是全豹，表现着陶诗给予现代的我们的影像。这就与从前人不同了。

　　文学批评，从前人认为小道。这中间又有分别。就说诗罢，论到诗人身世情志，在小道中还算大方；论到作风以及篇章字句，那就真是"玩物丧志"了。这种看法原也有它正大的理由。但诗人的情和志主要的还是表现在篇章字句中，一概抹煞，那情和志便成了空中楼阁，难以捉摸了。我们这时代，认为文学批评是生活的一部门，该与文学作品等量齐观。而"条条路通罗马"，从作家的身世情志也好，从作品以至篇章字句也好，只要能以表现作品的价值，都是文学批评之一道。兼容并包，才真能成其为大。本书二三章专论陶诗的作品和艺术，不厌其详。从前人论陶诗，以为"质直""平淡"，就不从这方面钻研进去。但"质直""平淡"也有个所以然，不该含胡了事。本书详人所略，便是向这方面努力，要完全认识陶渊明，这方面的努力是不可少的。

陶渊明的创获是在五言诗，本书说，"到他手里，才是更广泛的将日常生活诗化"，又说他"用比较接近说话的语言"，是很得要领的。陶诗显然接受了玄言诗的影响。玄言诗虽然抄袭《老》、《庄》，落了套头，但用的似乎正是"比较接近说话的语言"。因为只有"比较接近说话的语言"，才能比较的尽意而入玄；骈俪的词句是不能如此直截了当的。那时固然是骈俪时代，然而未尝不重"接近说话的语言"。《世说新语》那部名著便是这种语言的记录。这样看陶渊明用这种语言来作诗，也就不是奇迹了。他之所以超过玄言诗，却在他摆脱那些《老》、《庄》的套头，而将自己日常生活化入诗里。钟嵘评他为"隐逸诗人之宗"，断章取义，这句话是足以表明渊明的人和诗的。至于他的四言诗，实在无甚出色之处。历来评论者推崇他的五言诗，因而也推崇他的四言诗，那是有所蔽的偏见。本书论四言诗一章，大胆的打破了这种偏见，分别详尽的评价各篇的诗，结论虽然也有与前人相合的，但全章所取的却是一个新态度。这一章是值得大书特书的。

陶渊明历史的影像

一

万族皆有托。

孤云独无依。

暧暧空中灭，

何时见余晖？

这孤云是陶潜（三六五一四二七）光明峻洁人格的象征。他这样预言，好像早就看出了他自己将来的际遇。他确乎像是无依的孤云，随着时代的流动明灭变幻（他的生距离今天是一五七九年），渐渐才露出真的光辉。他映照在人间的影像，在宋以前是比较朦胧的，而且有很长的时期寻不到一点痕迹。要描绘他"历史的影像"是不容易的，在这方面似乎没有谁尝试过。实在，只求勾出不太朦胧的轮廓，也已经是够困难的了。

人类的眼光把不住事物的真象，他们如何被时代和自己无形的云翳所蒙蔽，几乎是难以想象的，他们的脑子难相信的窄狭，多么不容易，也不愿接受跟自己不同的，尤其是新的东西。陶渊明将诗的疆域扩展到田园，不唯带来了新鲜的景象，新鲜的声音，而且创造了一种新诗体。凡洛黎（Paul Valery，今译作瓦雷里。——编者注）论他的诗说："他穿的衣裳是向最高贵的裁缝定做，而他的价值是你一眼看不出来的，他只吃水果，这水果可是他花了很大的工夫在自己的园地培植的。"这是陶渊明诗的精神，也就正因为这样，他的真晖不幸隐没了几百年。

晋朝的诗大都穿着玄理的衣裳，粉饰太重的词采，真的情思因而掩没。在这样的氛围里，渊明的诗发生怎样的反应呢？从他自己的作品看不出一点影子，别的文字也极少触着这个问题。颜延之（三八四—四五六）是渊明交情不算浅的朋友，他那篇《陶徵士诔》，关于渊明的文章，只点染四个字："文取指达。"大约是引用"辞达而已矣"，说他"文体省净"、"不枝梧"，也许隐含"质直"的微意。颜延之的诗，诚如鲍明远所说，"铺锦列绣，雕绘满眼"，自己写那派的诗，往往也就爱那派的诗，颜延之怕不甚容易赏识陶渊明。通常替人做哀诔，都将他的德行事业加以表扬，颜延之也说，"实以诔华"；可是，既然那样极力赞叹渊明的德行，若当时推重他的文章，即使颜延之不能委曲自己的趣好，那对于他这方面，也不会如此忽略。颜延之这种看法，或许可代表当时一般的风气，怕不仅是他个人的意见。

他同时的人怎样看渊明的呢？诔文只在追述他死时泛泛地说："近识悲悼，远士伤情。"几近于套语，我不敢就此作太远的揣测。他的传记给我们一些启示：江州刺史王宏（一作王弘。——编者注）想认识他，没有办法，不得不求他的老朋友周旋；刺史檀道济亲自去看他，称他为"贤者"，还送了一些不幸不能讨好的粱肉；惠远是当时很少烟火气的高人，竟破戒设酒，招引他入"莲社"。他为什么被当时推重呢？主要的，我想，不是门阀，不是文章，而由于他高远清雅的风趣。当时认真做官会惹人笑话，要是萧散旷达，方够风雅，陶渊明就是以高雅的隐士被一些人尊敬。在那种风气里，诗自然只好退居风雅的背后，甚或只是装点风雅；何况当时文坛被玄虚轻绮的微雾笼罩，渊明那样真正的新诗体，自然更不容易得到一般人的珍重了。

从颜延之《陶徵士诔》到沈约（四四一—五一三）、萧统（五〇一—五三一），其间关于渊明的史料我们惊失于一片虚白。沈约《宋书·隐逸传》没有一个字论到渊明的文章，沈约是当时文学界的权威，他这不重视渊明文章的态度至少可代表一部分人，甚或一时的风气。这件事实就向我们说明：陶渊明的诗直到沈约修《宋书》的时候，还没有什么地位。说也奇怪，沈约偏标出他的忠贞："自以曾祖晋世宰辅，耻复曲身异代，自高祖王业渐隆，不复出仕。所著文章皆题其月日：义熙以前，则书晋氏年号；自永初以来，唯云甲子而已。"不过，这种论调在唐以前似乎还没有人附和。

从晋到唐，陶渊明在一般人眼里是个高雅旷达的隐逸人物。[①]爱读书，特别是"异书"，一张素琴伴着南山秋菊，加深了他的"高趣"。就是诗，在晋朝人看来，主要的怕也不过点缀高趣而已。——他的诗他那个时代是不认识的，也许不承认他是诗，至少不是他们眼里所谓"诗"。这是一个非常近情理可能的推想，从《陶徵士诔》和渊明的传记也就可以看出一点影子。

---

① 颜延之《陶徵士诔》说他是"南岳之幽居者"，后来《诗品》说他是"隐逸诗人之宗"。《宋书》、《晋书》、《南史》邀渊明入《隐逸传》，《莲社高贤传》也收进这位不曾列籍的社友。

　　　　　　　　　　陶渊明批评

陶渊明死后一百年左右，人类沉于微寐的眼睛是看不见他的。昭明太子（他的生距离渊明去世七十四年）素来爱渊明的文章，不能释手，他替《陶集》作序，才带来一个新的消息，这是陶诗的黎明。他说："渊明文章不群，辞采精拔，跌宕昭彰，独超众类，抑扬爽朗，莫之与京，横素波而傍流，干青云而直上，语时事则指而可想，论怀抱则旷而且真，加以贞志不休，安道守节，不以躬耕为耻，不以无财为病，自非大贤为笃志，与道污隆，孰能如此乎？"闪耀的识力确是发现了渊明，也揭露了他性情的奥秘，唐朝人最不了解的："有疑渊明诗篇篇有酒，吾观其意不在酒，寄酒为迹者也。"

　　梁简文帝（五〇三—五五一）和他哥哥一样，是爱好渊明的，他自己狂热地写着淫丽的艳曲，奇怪的是却不曾败坏清淡的口味（也许太腻了，正需要一点菠菜豆腐汤）。他常常将《陶集》放在几案上，随时讽味。①帝王和皇族所爱好的，不难想象，一定有不少的人争着迎上这种口味，很快地就扩张为风气。到这个时候，陶渊明像一颗曙星开始在天空闪

---

　　① 颜之推《家训》："刘孝绰当时既有盛名，无所与让，唯服谢朓，常以谢集置几案间，动静辄讽味。简文爱陶渊明文，亦复如此。"

烁了。

在这里我要补叙一件重要的事实，江淹（四四〇—五〇五）是从小就以一枝彩笔取得重名的诗人，他模拟陶诗，也就解释渊明在文人眼里升高了。他拟作"种苗在东皋"混入《陶集》，幸运得很，竟瞒过了东坡先生的眼睛。

钟嵘（？—五五二）对于渊明的批评奠定了一种有力的观点，也引起后来不少争论。"陶潜诗文体省净，殆无长语，笃意真古，辞兴婉惬，每观其文，想其人德。世叹其质直，至如'欢言酌春酒'，'日暮天无云'，风华清靡，岂直为'田家语'耶？古今隐逸诗人之宗也！"我们不该过分枉屈了这位先生，虽然他带着那个时代浓重的偏见，这段评论却是泄漏了渊明诗的灵魂。

他所谓"田家语"是和口语比较接近的，跟矫饰雕镂的语言相对，用这种语言表现"真古"的意境，就形成"省净，殆无长语"的风格，恰好解释了颜延之为什么说他"文取指达"。这给我们三个极有意义的启示：

昭明太子以前，似乎是将渊明的诗看作正宗外的一种诗体，无足轻重的诗体。实在，渊明和这个时代的诗风悬隔太深了，他的价值不能被认识是一点也不奇怪的。我们看作者立即吐出了他的口供，也说明了他那个时代："至如'欢言

　　　　　　　　陶渊明批评

酌春酒'，'日暮天无云'，风华清靡，岂直为'田家语'耶？古今隐逸诗人之宗也！"那样禁不住击节叹赏，只是因为这两首诗"风华清靡"，"风华清靡"是那个时代诗的极则，也是欣赏批评的标准。陶渊明的诗在当时为什么埋没，他的解释是"世叹其质直"。

钟嵘从渊明诗里隐约看出一个消息："每读其文，想其人德。"我们仿佛从他的诗里，看出那么一个潇潇洒洒的人物坐在一片石上，金黄的菊花映照他漉过酒的葛巾，和斑白的鬓发；锄头捎上肩膊，从多露的荒径，带回一片明月；独自坐在窗子面前，一杯美酒，想象望白云飞升。

颜延之说渊明是"南岳之幽居者"，后来沈约送他进《隐逸传》。而将他隐逸的身份与诗结合在一起，称为"隐逸诗人"的，那是钟嵘。这个观念也就凝结为陶渊明一面重要的形象。

北齐阳休之从文词批评渊明："渊明之文，辞采虽未优，而往往有奇绝异语，放逸之致，而栖托仍高。""辞采未优"也就是钟嵘的"质直"，这种论调的源头应上溯到颜延之，以后直至宋朝，陈师道还在检点这宗旧案。昭明太子说过："渊明文章不群，辞采精拔，跌宕昭彰，独超众类头，抑扬爽朗，莫之与京，横素波而旁流，干青云而直上。"阳休之像是有意给这段难捉摸的文字做简明的诠释："往往有奇绝异语，放逸之致，而栖托仍高。"后来宋朝人就接着他作疏。

二

我们随着虚白的纪录飞越到唐朝。梁时江淹虽然拟过陶诗，影响还未展开，到唐朝就形成了"田园诗"一大宗派，直到现在，还不断有它的嗣音。沈德潜说得很好："陶诗胸次浩然，而其中一段渊深朴茂不可到处，唐人祖述者：王右丞有其清腴，孟山人有其闲远，储太祝有其质朴，韦左司有其冲淡，柳仪曹有其峻洁，皆学焉而得其性之所近。"（《说诗晬语》）中唐以后，白香山学渊明，薛能、郑谷也学渊明。郑谷的确非常有风致："爱日满阶看古集，只应陶集是吾师。"少陵有好些诗和渊明神态很逼近，李白也有不少的句子可以看得出是规摹渊明的。陶渊明到这个时侯，渐渐升到天的中央了。

可是，唐朝人实在太不认识渊明了。蔡约之说："渊明诗，唐人绝无知其奥者"，这句话并不曾过火。颜延之说渊明"性乐酒德"，梁时有人怀疑他的诗"篇篇有酒"，这派论调到唐朝顿然增长了势焰。王维、韦应物、白居易都认为渊明懂得酒。"复值接舆醉，狂歌五柳前"，王维似乎是把五柳先生这个观念跟狂歌的隐士和醉酒结合在一起；白居易说他"还以养真"。仿佛在他们看来，陶渊明是个真懂得酒味的隐士。

唐朝人怎样批评他的诗呢？杜少陵说："陶谢不枝梧，风雅共推激，紫燕自超诣，翠骏谁剪剔？"（《夜听许十一诵诗爱而有作》）大约是说渊明的诗平淡，风骨高，用不到修琢。又在《遣兴》里论道："陶潜避俗翁，未必能达道。观其著诗集，颇亦恨枯槁。"他所谓"枯槁"，大约包含两方面的意义：一是说他生活狭隘，一是说他的诗"质"、"癯"。假如他不含戏谑，或故作逆论，就未免太误解渊明了。可是，误解渊明，岂只少陵呢？韩昌黎说："读阮籍、陶潜诗，乃知彼虽偃蹇不欲与世接，然犹未能平其心，或为事物是非相感发，于是有托而逃焉者也。"（《送王秀才序》）这是他对于渊明的幻觉，远远的蒙着一层雾。仿佛心太粗糙，不能与渊明的精神接触。

唐朝人实在是太歪曲了渊明，岂只不认识而已。沈约提出渊明诗入宋只记甲子，以前都题晋年号，到了唐朝，五臣将它搬进文选注，才引动人好奇的眼睛，渊明"忠愤"这方面的人格就渐渐扩大了。颜真卿感慨淋漓，一把拉住渊明做知己："张良思报韩，龚胜耻事新。狙击苦不就，舍生悲缙绅。呜呼陶渊明，奕叶为晋臣。自以公相后，每怀宗国屯。题诗庚子岁，自谓羲皇人。手持《山海经》，头戴漉酒巾。兴与孤云远，辨随还鸟泯。"[1]到宋朝，还亏得朱熹为他壮声势："读之者足以识二公之心，而著君臣之义。"从此时起，"忠愤"也就是凝为渊明一面的形象。

昭明太子唤起一派淡青的曙光，陶渊明的影像就渐渐露出来，而四面飘着些微云，他这是在那里闪烁，摇曳，浮动，变幻。此后有很长的时期，他的光辉相当黯淡，人们望着他，好像隔着一层雾似的。到了宋朝，微云散了，天空澄碧，他的形象便渐渐明朗确定。

我们由渊明常常联想起东坡，他爱渊明的诗，欣慕他的为人，叹服他的"绝识"："渊明欲仕则仕，不以求之为嫌；欲隐则隐，不以去之为高；饥则扣门而求食，饱则鸡黍以迎客；古今贤之，贵其真也。"（《书李简夫诗集后》）东坡指出这个"真"字，写活了渊明。他说渊明诗："初视若散缓不收，反覆不已，乃识其奇趣。"（《书唐氏六家书后》）渊明有些诗，造语组织初看仿佛不很经意，微觉"散缓不收"，他说出了许多人隐隐约约感觉得到，却说不出的话。阳休之早看出陶诗"往往有奇绝异语，放逸之致"，而

---

① 见《困学纪闻》。

从"散缓"见出"奇趣"是东坡新的发现。

推崇渊明岂只是东坡，欧阳修说："晋无文章，唯陶渊明《归去来辞》而已。"王荆公在金陵时，做诗最喜欢用渊明诗的事，甚或有四韵全用他的。以永叔和荆公在当时文坛和政治上的地位，这样推崇渊明，我们可以想象会发生怎样大的影响。

黄庭坚对于渊明更是极其推尊，他自己曾经向渊明挹取诗泉，这是非常奇异的事情。他说，"渊明诗不烦绳墨而自合"，只是寄意，不曾顾到"俗人赞毁其工拙"。又说："渊明不为诗，写其胸中之妙耳。"（《书意可诗后》）这就愈是透入玄秘了。诗意突然来袭，逼着诗人做梦似的本能地写下来，在这种梦游状态能成功的诗确乎是有的；可是有时却冥搜沉吟，灵感招唤不来。写诗的怕谁都有这两种不同的经验，不过时代不同，个人习惯才性不同，程度有等差而已。山谷的话用来解释渊明一部分的诗是非常恰当的。

渊明常将诗伴着酒，有时随意题几句自娱。一面作为朋友谈笑的资料。①诗在他只是生活的一部分。"意不在酒，寄酒为迹"，是对的；说他"意不在诗，寄诗为迹"，也一样正确。假如他转入玄默后对于人间还有所希冀，那是已经落入虚空的事业，怕他不是想把一卷诗集长留给世界。

过去批评陶渊明的朱晦庵是个重要的人，他说："渊明诗平淡，出于自然。"不妨用他自己的话来解释："渊明诗所以为高，正在不待安排，胸中自然流出。"渊明诗所以能够平淡，不仅在文字，还得从他的人格去探索源头，沈归愚恰正说着了："陶公胸次浩然，其诗天真绝俗，当于语言意象外求之。"朱晦庵说渊明"欲有为而不能"，更深地掘发了他的人格。他也看出了这强壮的洪流如何表现在诗里："韦苏州诗直是自在……陶却是有力，但诗健而意闲。"他的《语录》说得

---

① 陶渊明创作的态度：

（一）"春秋多佳日，登高赋新诗。"（《移居》）

（二）"临清流而赋诗。"（《归去来辞》）

（三）"常著文章自娱，颇示己志，忘怀得失，以此自终。"（《五柳先生传》）

"衔觞赋诗，以乐其志，无怀氏之民欤？葛天氏之民欤？"（同上）

（四）"余闲居寡欢，兼比夜已长。偶有名酒，无夕不饮，顾影独尽，忽焉复醉；既醉之后，辄题数句自娱，纸墨遂多，语无伦次。聊命故人书之，以为欢笑尔。"（《饮酒·序》）

很好："渊明诗人皆说平淡，某看他自豪放，但豪放得来不觉耳。其露本相者是《咏荆轲》一章，平淡的人如何说得出这种言语来？"

首先提出渊明思想问题的也是他。他以为"靖节见趣，多是老子"，又说他"旨出于老庄"。这话一出，可把真西山骇得大声疾呼："以余观之，渊明之学正自经术中来。"一把想塞住入口，立时挑出陶诗紧紧和孔老夫子、颜回拉在一起，捧出伯夷、叔齐作为渊明理想的象征。这殷勤的苦衷当然是可爱的啰，不幸是他和朱晦庵都不曾错，也不全对，各说出了一点儿。真西山苦心抗拒，远不如陆九渊的勇决，他是冲上前去，一把拉紧，"渊明有志于吾道"。这些现象反映出来的意义是什么呢？这个时候的陶渊明在人心里已灿烂显赫地升到天空的中央了。①

---

① 摘录几条当时诗人的批评，可以见出个梗概：

僧思悦说："先生（渊明）之诗，风致孤迈，蹈厉淳深，又非晋宋间作者所能造也。"

东坡说："渊明作诗不多，然质而实绮，癯而实腴，自曹刘、鲍谢、李杜诸人皆莫及也。"

黄山谷说："谢康乐、庾义城之诗，锤凿之功，不遗余力，然未能窥彭泽数仞之墙。"

真西山说："渊明之作宜自为一编，以附于《三百篇》《楚辞》之后，为诗之基本准则。"

从前的人很少做有系统成篇的论文，多只留下片段的思想，从那里面不容易见出条贯来。有时他们也不曾将自己的意见完全说出，就这样的材料推绎，很难避免没有歪曲和误解。我们小心地将上面那些细碎的花叶编缀起来，约略也就可以见出个轮廓：宋朝人认识渊明的人格远比以前清楚，对于写诗的技巧也比从前了解深得多，已经看出他不同的风格（平淡、奇特、秾丽、豪放）和多方面的发展（感愤、讥讽、闲远、恬澹），关于他的思想，此时还未周密地深刻考察，但大致已经看出他一部分的源头：一是道家，一是儒家。

关于陶渊明的研究到宋朝已有个纲领，明清两代没有什么新的发展（元朝关于这方面的材料，此时一点也找不着），我在这儿不必　描写他们，只举出几个比较重要的也就够了。

顾炎武在《日知录》里说过："栗里之徵士淡然若忘于世，而感愤之怀有时不能自已，而微见其情者，真也。"还是旧案，不过他探进比较深的意识。黄文焕的意见是值得特别提出来的："古今尊陶，统归'平淡'，以'平淡'概陶，陶不得见也；析之以炼字炼章，字字奇奥，分合隐现，险峭多端，斯陶之手眼出矣。"（《陶诗析义自序》）就文字细细分析，比从前的人深刻多了。"钟嵘品陶，徒曰隐逸之宗，以'隐逸'概陶，陶又不得见也；析之以忧时念乱，思扶晋衰，思抗晋禅，经济热肠，语藏本末，涌若海立，屹若剑飞，斯陶之心胆出矣。"（同上）他说渊明忧时念乱，情感热烈，这是对的，我倒以为"思扶晋衰，思抗晋禅"，更掘发了他的隐衷，这似乎有点煞风景，可是，美的想象无法否认这一方面也正是陶渊明。

清朝我只想提一提沈德潜，他说渊明是"六朝第一流人物，其诗所以独步千古"。用人格解释他的诗是以前的人很少注意的。白朗宁（Robort Browning）在《雪莱与诗的艺术》里说："我们接近诗，必须接近诗人的人格。"尤其陶渊明，诗和他的人格契合无间，或者说诗是他人格映照出来的一片幽辉，他的文字并非特别新奇，也许是比较简单的，组织也没有多的特别，也许更自然，而一放进诗里，便有一段"渊深朴茂"的情趣，除了他光明峻洁的人格，我们还能寻出更好的解释么？

我已经描下陶渊明反映在人间形象轮廓，不过那只是他的影子，不甚真确，也不完全的影子。要了解他情思与艺术的发展，只有向他自己的作品里去探寻。下面是我对于他的心灵很不完全的鸟瞰。

他三十岁以前的作品都不会传下来，我们构拟少年的渊明，只能从他后来的回忆：

> 少学琴书，偶爱闲静，开卷有得，便欣然忘食。见树木交荫，时鸟变声，亦复欢然有喜。常言五六月中，北窗下卧，遇凉风暂至，自谓是羲皇上人。（《与子俨等疏》）

我们几乎误认这就是壮年以后的陶渊明，小时候的感觉经验常常支配人终生行为发展的方向，他后来"任真自得"的胸次，我们忽然在这儿发现一脉暗泉。

> 少年适俗韵，性本爱丘山。
> 误落尘网中，一去三十年。
> ……
> 久在樊笼里，复得返自然。（《归园田居》）

陶渊明常说"自然"（这个观念形成他一生思想主要的骨干）。"自然"是庄子的思想，嵇康再三赞美自然，这影响是很明白的。奇怪的是这个思想从他外祖父孟嘉可以找到根源。① 孟老先生是个萧散放达的人物；渊明大部分的性情就像是从他摹写下来的。

渊明说他"性本爱丘山"，爱自然是当时新发生的思想，他在人心灵里如何会起来的呢？道家思想、佛学，和道教神秘的观念（尤其关于神仙的），对于魏晋疲于战乱的人是可喜的解脱，他们苍白的心灵随着幽思玄想从地面学习飞升，这梦游的精神因为一种特殊机缘，和江南明丽的山水遇合，他的灵魂就向那里面浸进去，幻为空灵明澈的异境。自然是人类共同的家乡，他一向对人露出亲密的颜色，好像永不会改变。魏晋时候的人窒息于政治霉烂的黑暗，厌倦了乱离和颠连，敏感的文人就悄悄溜进自然的门，挹取一滴幽凉来抚慰自己的忧伤，他们的情感也就转注入这幻想的世界，而从他渊静安谧的美的景象，得到一种内心神秘的喜悦。

他们的眼睛随着转向田园，实在，乡村里的人带着健康的泥土的气息，还不会太失去天真，说他们醇厚吧，不错，他们

① 陶渊明《晋故征西大将军长史孟府君传》："府君自总发至于知命，行不苟合，言无夸矜，未尝有喜愠之容。好饮酒，逾多不乱，至于任怀得意，融然远寄，傍若无人。温尝问君：'酒何好？而聊嗜之？'君笑而答之曰：'明公但得酒中趣耳。'又问："听妓，丝不如竹，竹不如肉？"答曰："渐近自然。"

彼此有真挚的温情交融，这种空气发出一种催眠似的力量，使骚乱的灵魂静定。

渊明故乡的云山，对于他的诗和生活都发生了很大的影响，他的老家上京，据《桑乔庐山纪事》，"上京山当太湖滨，一峰独秀，彭泽东西数百里，云山烟霭，浩渺萦带，皆列几席间，奇绝不可名状"。这一片烟波萦绕在他童年的记忆里，恍如一种清澈的呼唤，摇撼他内心的明波。他在外面时常沉吟反覆："日倦川途异，心念山泽居"；"聊且凭化迁，终返班生庐"。后来他解官回到家里，才喘出一口长气："久在樊笼里，复得返自然。"

> 弱龄寄事外，委怀在琴书。
>
> ……
>
> 时来苟冥会，缓辔憩通衢。
>
> ……
>
> 真想初在襟，谁谓形迹拘？（《始作镇军参军经曲阿》）

超然事外，不拘形迹，使我们联想起他的父亲，"淡焉虚止，寄迹风云，冥兹愠喜"。渊明的性格有些地方跟他父亲实在太酷肖了。

> 少年罕人事，游好在六经。
> 行行向不惑，淹留遂无成。（《饮酒》）

他年轻时候读些什么书是值得注意的，他对于"六经"的态度是"游好"，不像一般经生句订恪守。

> 忆我少壮时，无乐自欣豫。
> 猛志逸四海，骞翮思远翥。
> 荏苒岁月颓，此心稍已去。（《杂诗》）

你能想象陶渊明这迥然不同的一面：意气飞扬，怀抱壮志?

> 少时壮且厉，抚剑独行游。
> 谁言行游近? 张掖至幽州。
> 饥食首阳薇，渴饮易水流。（《拟古》）

这个小英雄就是后来"忘怀得失"的五柳先生! 我们真难想到他从小即具有一身"侠"骨，而这点奇异的东西直支配他一生（《拟古》"辞家夙严驾"），就说明他老年还充沛这种精神）。可是，这股洪流后来遇着荒寒的山峡，就蜿蜿蜒蜒走入开满薇花的西山，成为始终不安定的潜流。从这潜流倾注出壮健的生命力和太热烈的情感，就度给他的诗不浅的光焰。

文化像一杯溶液，所有的分子交融而变为一种化合物，呈现出新的性质。严格说，他是不能剔分的，每个分子都失去自己一部分原有的性质，都从外面接受了新的生命。人就在这样的溶液里面游泳，谁能说身上丝毫不沾染他？哪怕是一点半滴，也就包含整个的文化，不能说纯粹是哪一家、哪一派的思想。接受后，经过一番镕铸，并产生一种新的性质，即不同接受进去时的溶液，更不是原来哪一家、哪一派了，什么都不是，他只是一种特殊的、新的东西。拼命争持陶渊明是儒家，是道家，"可怜无补费精神"！

生命是件奇异的东西，包含着难以相容的矛盾和无穷的变异，不断地否定，绝望，再生。要想详尽解释陶渊明的思想，是吃力不讨好的事情，我们却不妨大约这样说：他是接受了儒家持己严正和忧勤自任的精神，追慕老庄清静自然的境界（却并不走入颓唐玄虚），也染了点佛家的空观、慈爱与同情，^① 奇怪的是他也兼容游侠的精神。他的思想和一生的路径小时候就大致已经奠定，虽然他以后似乎是不断地在那里变。

陶渊明的精神永远是积极的，他在当前景况与意志欲望的冲突里不断痛苦挣扎，他懂得顺任自然，而由于他宏远的怀抱，和太强壮的生命力，终于不会断念逃出这个世界。

> 结发念善事，俛俛六九年。
>
> 弱冠逢世阻，始室丧其偏。（《怨诗楚调示庞主簿邓治中》）

这时候渊明已经五十四岁，他还在勉强奋斗，可是热情孤愤终竟不能挽回快坍塌的世界呵！我们听到远处一种深沉而悲凉的声音：

---

① 渊明作品里没有鲜明的佛的色彩，但他实在受了佛的影响：

（一）魏晋时佛学助长新人生观与浪漫思想的发展，渊明无形中也就会接受了一点那种空气。

（二）当时佛学与道教在社会流传时，有点儿混和，渊明有《游仙》诗，显然接受了一部分道教的思想，怕也就染了一点佛的观念。

（三）就算是攒眉辞"莲社"的记载可靠，但他无形中接受了那种思想，却不愿意接受形式的约束，何尝不可能？尤其是渊明那样的性格。

试酌百情远，重觞忽忘天。

天岂去此哉，任真无所先。

自我抱兹独，僶俛四十年。

形骸久已化，心在复何言？（《连雨夜饮》）

他渐渐转入冥玄默：

总发抱孤介，奄出四十年。

形迹凭化往，灵府长独闲。（《庚申岁六月遇火》）

逝止判殊路，旋驾怅迟迟。

目送回舟远，情随万化遗。（《于王抚军座送客》）

而他并不就全然堕入虚冥，他还燃烧着不灭的希望。怃然叹息："总角闻道，白首无成"，壮厉之气又回到他衰白的灵魂，于是发出毅决的声音：

四十无闻，斯不足畏！

脂我名车，策我名马。

千里虽遥，孰敢不至？（《荣木》）

壮气虽然回来，毕竟是不能长住的，他的眼睛打开，惊失于一片幽暗，冥思就将他浮到幻想的世界。

　　　　愚生三季后，慨然念黄虞。（《赠羊长史》）
　　　　遥遥望白云，怀古一何深！（《和郭主簿》）

　　他想象自己是羲皇上人，精神张越入太古幻美的灵界。

　　渊明晚年在自然里构筑起一座仙境，从酒里寻找另一片幽渺的天地，他的幻想望着唐虞的幽光飞升，桃花源就是这样一个理想的灵境。那里面的社会形态多是从老庄挹取来，染了一点儿神仙的思想。①

　　渊明确乎有神仙思想（可不会辱没诗人），我这话不是没有根据的。颜延之说他"心好异书"，这"异书"大约多少与神怪有关系，他自己也说过："泛览《周王传》，流观《山海

————————————
　　① 挑引陶渊明欣往的古代社会正是老庄思想的幻境，自然也经过渊明想象的镕裁。《归去来辞》"帝乡不可期"，"帝乡"这个观念从庄子来："华封人谓尧曰，'乘彼白云，至于帝乡'。"那是古代幻美的象征，也就是《五柳先生传》所玄想"无怀氏""葛天氏"的世界。

图》。"读《山海经》其中好些是游仙诗，《搜神后记》相传是他作的，现在有些人还相信其中一部分是他做的，这更是有力的证据了，我们的好奇心却要问他对于神仙的态度如何呢？我想，他是爱好，欣赏，却非真相信神仙。①说他借神仙咏怀，当然也不错，但不如这样说，他是用神仙思想构成美幻的灵境，寄托他无依的心所包含的残梦与哀愁。

避乱的念头常在他灵府里低徊。《桃花源》诗："嬴氏乱天纪，贤者避其世。黄绮之商山，伊人亦云逝。"黄绮就是他想追从的朋友。②他的精神始终是积极的，所以避世。他在给他儿子的信里委婉地解释他自己的隐衷："性刚才拙，与时多忤，自量为己，必贻俗患；僶俛辞世。"他虽然退到田园，可并不会逃出这个世界。阴影落到这老人心上时，他吐露出悲愤，豪侠的肝胆并不会化为冰雪，有时还激动他衰白的头发。

沈约在《宋书》里说渊明"自以曾祖晋世宰辅，耻复屈身

---

① 陶渊明诗："即事如已高，何必升华嵩？""世间有松乔，于今定何间？"可略略看出他非真真相信神仙，"故老赠余酒，乃言饮得仙。"当时神仙思想怕是平常的事（也许是一种美的想象），并不像后来认为荒诞。

② 《桃花源》诗："黄绮之商山，伊人亦云逝。……愿言蹑清风，高举寻吾契。"线索分明可寻。《饮酒》也说世界是非颠倒，他自己"且当从黄绮"。

异代。自高祖王业渐隆，不复出仕"，这种论调到唐朝回声就相当热闹，后来似乎已经被公认了。最近才有人做漂亮的翻案文章，说渊明是看见时势无可挽回，才隐居不出，"如果以为他在争什么姓司马的，姓刘的，未免小看了他"。（参看梁启超《陶渊明》。——编者注）说渊明看清了时势，才退隐不出，确乎不错，可是，若说他对于政柄的转移能够那样超然事外，就未免是以千多年后的民主精神衡量古代专制朝廷里贵族，真是太聪明了！中国一向的读书人生来就是政治的工具，君主是国家的重心，君臣和他戴着同一个命运，因此忠于朝廷的观念就在从前读书人心里扎了根，"穷年忧黎元，叹息肠内热"，眼光由朝廷伸展到民众，而寄与深厚的同情，这思想在文学里造成一种风气，似乎是盛唐以后的事。陶渊明一向被认为是"忘怀得失"的高人，"逸鹤任风，闻鸥忘海"，这微妙的比喻当然是不错的，而从另一面看，他却是忠于朝廷的贵族。谁也不能完全跳出他的环境和时代，这原没有什么稀奇，何况渊明他自己家里和母家几代都做晋朝的大官，[1] 他对于晋朝自然会发生深切的情感。

---

[1] 渊明父亲、祖父都做过太守，官不算小，有人说陶侃不是他的曾祖，那就姑且不说；再看他母亲家里，他外祖父孟嘉是晋征西大将军长史，孟嘉的曾祖父做过司空，祖父是庐陵太守。

如果我可以用这样的比喻，就像是为对于一个共荣共存的巢似的（《拟古》"仲春遘时雨"恰正借燕子抒写对于故国的眷恋）。刘裕劫去皇冠，他哪没有隐痛（他自己的诗就是证明）？何况渊明是从小就猛志横逸四海，比别人特别多长了一点侠气的，"眷恋故国，疾视新朝"，原是太自然，丝毫没有什么稀奇！

可是，渊明并非永远局促在那个小圈子里，当他精神与自然冥合时，灵府里不再有世界，何况那风雨穿透、颓毁了孤殿？他回到田园，恍若飘入青冥，在想象的蓝海里追寻璀璨的远梦，随后悠然飘下光明而宁静的声音："俯仰终宇宙，不乐复何如？"

陶渊明四言诗论

一

　　一般人喜欢陶渊明，大抵是着重他的五言诗，批评的也是笼统说，很少特别指出他的四言诗来。他的四言诗价值究竟如何呢？这样问也许会有人惊讶，因为从宋以来对于陶渊明都是一味恭维，然而在你享受他的诗后，细心分析他，大约不能不承认四言诗在渊明的作品里不甚重要的，成就远不如他的五言诗高。

　　一种文体需要长时期的酝酿、滋长，然后绽出奇葩。（幸运的作家就刚趁上花快露面的时候，后来的花时已过去，如其仍迷恋着那奇异的香泽，就只好在那棵树上养几朵伶仃瘦小的晚花了。）没有过去无量数的人不断努力，绝不会一朝就结成丰美的果实；而那种文体有最高作品出现时，那最高的作品便放散出一种气氛，笼罩着那个园地，以后就不能有更远的发展了。

所谓传统，不只是技巧的流派，而且是神情（mood）与态度（manner）的流派。作家离不开它，就如植物不能脱离土地。做四言诗的人没有不向《诗经》取得营养的，陶渊明的四言诗也是从《诗经》导引出来，乐府诗的影响是极少极少的，只在其中两三篇里的明白生动一方面见出轻微的痕迹，恐怕还是和建安以来的四言诗关系稍稍深一点，尤其是曹子建。而《停云》和《归鸟》露出一种新俊的气息，和嵇康的四言诗有近似的地方，特别是它们都创造出一种新的旋律。《楚辞》的泉流不甚显著，而玄言诗的影响就只在说理一方面。

除了《劝农》、《命子》、《归鸟》和《酬丁柴桑》，其余的都有序，就告诉我们他是学《诗经》。序中"停云，思亲友也"，"时运，游暮春也"，更显然证明了他们的血统是属于《诗经》的嫡系。渊明四言诗最显明的特征：一是多用比兴，一是多复沓，这也是《诗经》的特质，正好说明它的渊源。《停云》、《荣木》等篇用比兴，《时运》、《归鸟》、《荣木》、《停云》都取复沓的组织，而最整齐的是《归鸟》，这种技巧在他的诗里都能产生良好的效果。若略微分析，《荣木》、《命子》、《劝农》、《答庞参军》、《酬丁柴桑》、《赠长沙公》六篇接近雅的气氛较多，《停云》、《时运》、《归鸟》就和风比较接近。

风格其实就在包含观念的一种字句形式里，而它就是心灵的姿态。陶渊明四言诗句的形式多是汲取《诗经》的，每句包含一个简单的句子，变化很少，语言（词汇）典雅凝重，大都也从《诗经》来。他的五言诗却是用近乎说话的"田家语"，和乐府诗比较接近些。文字和句的形式就注定了他们的生命与不同的风格。四言诗中有好几首用了不少《诗经》现成的句子，或略略将形式和意思变动，《答庞参军》只是将《诗经》的文词变花样，抄袭现成句子之多，几乎使人疑心他是在那里集句。

"崇高（sublimity）就是优异而说不出完美的辞句（phrase），最伟大的诗人和散文家除用它取得第一流的地位，紧握住永恒的声誉，再没有别的方法。"龙矶亚士（Longinus，今译作朗吉努斯，传有《论崇高》。——编者注）这一段话，可以作为一个标准，用来衡量作家，或窥测时代文学的升降。我们看看陶渊明吧，他的四言简直不会创造新的语句、新的意象，只抄袭《诗经》现成的，或稍稍改变它的句子，这是它最严重的弱点。那里面用叠字形容词异常的多，也从《诗经》里来。这种形容词居多是以声音暗示思想或情调（意义方面的效用比较少，形的关系更不容易见出）。他在《诗经》里，怕是音乐的价值更被看重些。凡洛黎在诗里这样说过："每人的发音与成语的引用，在文字里发生了许多不可避免的迷离与不定的意义来，因而传达上便生出许多误解。"何况着重音乐性抽象的形容词？谁都引用，虽然在诗里各有不同的效力，究竟不容易表现出自己特殊的感觉与情思。

为什么他不会创造新的语句、新的意象呢？一是由于四言诗传统空气的限制，一是袭用《诗经》的句法与语言。这些都绊勒住他的思想在旧的圈子里转，难能有新的表现。

这就带给我们另一个问题，诗句的长短随着语言的发展，时间不住地流走，人类的情感与思想随着生活一天天地复杂，语言因之更流利婉转，诗句就增长了。字句的长短产生两种不同的效果：一是音韵的，一是意义的。旧诗多半是两个字构成一个音节，也就构成一个情感的单位。四言诗里每句恰好是两个音节，整整齐齐，声调易流于平板、凝重、单调；每句刚容纳两个词，形式难有变化，也不容易表现优婉、比较多的意思。诗发展到五言，才达到完美的形式，虽然只多了一个字，声调就容易委婉变化，可以接受高一点的音乐意境；（闻一多先生《论诗与音乐》说得很好："四言诗大部分是鼓的音节，五言诗就渐渐由鼓发展到丝竹，由节奏渐渐发展到旋律。"）虽然只了一个字，句的形式就可以生出许多不同的姿态，意义包含比较多，也容易曲折婉转。

四言诗到《三百篇》，路程已经走过，虽然还有些人爱那些夕阳，终竟是黄昏了。东汉魏晋是五言诗的时期，这新的形式用来叙事抒情，或是描写物态，都比较亲切详著，这个时候做四言诗的人已经渐渐少了。[①]

一种内容在不同的形式里表现出来，不但量有不同，质也有很大的改变。现在有些人写新诗，意境是西洋诗的，而做旧诗或填起词来，就完全被旧诗词的气氛包围，顿然对"芳草""断肠"了。陶渊明的四言诗居多是接受四言诗里雅的气氛，国风的影响较少，他一走进这幢古老阴暗的屋子，在年青的五言诗里发扬着的创造能力仿佛就消沉了，除了《停云》、《归鸟》和《时运》，其余六首意境和文辞都是因袭《诗经》的，缺乏新鲜和力量，尤其是独创的力量。

① 参看《诗品·序》。

昔我云别，仓庚载鸣；

今我过之，霰雪飘零。（《答庞参军》）

除了把"昔我往矣，杨柳依依；今我来思，雨雪霏霏"重抄一遍，我不知道是否还有别的意义。

《答庞参军》这样开始：

衡门之下，有琴有书，

载弹载咏，爰得我娱。

岂无他好？乐是幽居！

只是把《陈风·衡门》的"衡门之下，可以栖迟，泌之洋洋，可以乐饥"略微改装拉长而已。

他有两篇《答庞参军》，一是四言，一是五言，作的年月相去不远，虽然兴会不必相同，不能就拿这两篇说明他所表现两种诗体的优劣，将它们对比一下，却是有意思的事情，约略可以看出这里面的消息。

可是他并非全然没有新创的意象呵。"竞用新好，以招余情"。五柳先生仿佛忘记了那是树，也忘记了他和树的距离，觉得他们在用新的声音召唤他自己的情感。这"同物之境"，《诗经》里固然没有，魏晋以前其他的作品里也不容易遇见。"殡胜如归，聆善若始"，比喻非常新鲜。"逸虬绕云，奔鲸骇流"，那样奇谲幽丽就直像《招魂》。特别是"翩翩归鸟，息我庭柯，敛翮闲止，好声相和"轻淡地画出了鸟活动的神态，一片清明的闲情浸润着他们素朴的灵魂。"有风自南，翼彼新苗"，我们仿佛看见绿苗在南风里，像鸟儿一样，欣欣然招动他们的翅膀。比之"微雨从东来，好风与之俱"，丝毫也不弱。好像是自然投在诗人笔下，染着崇高的灵性，熠耀想象的光辉而露出来。后面这两个例子自然微妙，走进了他五言诗的秘奥。

在四言诗里，渊明似乎不曾找到他自己特有的韵律（personal and imdividual rhythm）。韵律是内心的音乐，或者说是情感（观念）自然的波动。瑞洽慈（I.A.Richards）在《生命的控制》里说："韵律不是玩弄音节，而且反映作者的人格……诗中动人的音律只是发生于真正被感动的波动中；并且对于韵律的寻理，它比起其他的东西更是一种微妙的索引。"[①] 诗人都要寻找、创造新的声音（new notes）和新的

---

① 见他的 *Science and Poetry*。

音调（new tunes）。"在诗里，新的音调表示新的观念。"大诗人的韵律都是有独创和个性的，更重要的分别是在音的调子（tune）。李白和杜甫的诗音韵不同，叶芝（Yeats）和梅司斐尔（John Masefield）也各有一种精神在诗里流露。富有个性的韵律就造成特殊不同的风格。陶渊明的四言诗除了《停云》、《归鸟》和《时运》，他的音节还没有脱离《诗经》，肃穆典重，和雅接近，连国风都不像。

韵律和他所附属的文字不能分离，四言诗章节尚凝重，不很适于表现和平冲淡的意境；五言诗尚安恬，渊明的情思在那里才找到了最好的形式。

自然，他的四言诗也不全是摹写《三百篇》的节奏，《归鸟》、《时运》、《停云》带来了一种新异的声音，尤其是《停云》，那不再是平坦、单调、迫促的节奏，而是清细、婉转、缠绵、流利，含有魔力的旋律了。每个字都带着回环的声音，像一缕一缕的幽香喷出，就只那片音乐，已够度给人迷茫悱恻的情调了。就这方面说，他是优婉微妙，超过了渊明大部分的五言诗。

二

　　若将他的四言诗和五言诗比较，可以看出这两种诗体的性质和他们所表现出来艺术的高低。

　　他的四言诗不会造语，这个弱点，使他失去大部分的生命和力量。真也就奇怪，在五言诗里，他偏最会创造新的语句和意象，这就使他紧紧握住不朽的荣誉。要举这样的例子，随手拈来就是：

> 伊余怀人，欣德孜孜。
>
> 我有旨酒，与汝乐之。
>
> 乃陈好言，乃著新诗。
>
> 一日不见，如何不思？（《答庞参军》）

而五言诗：

> 春秋多佳日，登高赋新诗。
>
> 过门更相呼，有酒斟酌之。
>
> 农务各自归，闲暇辄相思。

相思则披衣，言笑无厌时。（《移居》）

同是写离别的情绪：

> 嘉游未斁，誓将离分。
> 送尔于路，衔觞无欣。
> 依依旧楚，邈邈西云。
> 之子之远，良话曷闻？（《答庞参军》）

而五言诗：

> 游好非久长，一遇尽殷勤。
> 信宿酬清话，益复知为亲。（《与殷晋安别》）
> 寒气冒山泽，游云倏无依。
> 洲渚四缅邈，风水互乖违。（《于王抚军座送客》）

　　从这些例子，谁都可以看出五言诗所表现的详切著明，充泛新鲜的活力；而四言诗像是有好些意思不曾完全达出，甚或泛泛的近于习套。

　　一种好的作品都有她自己的精神姿容，正如一朵一朵蔷薇各有不同的香泽，各呈露出自己优美的姿态。渊明的四言诗除了《停云》、《归鸟》创造出一种新的意境，其余的就像是阴沉古旧的屋子，没有一点新鲜的生意。从艺术的观点看，《时运》实在不高，如"洋洋平陆，乃漱乃濯。邈邈遐景，载欣载瞩"，非常拙笨，也太直率。可是，它却透露出一点新的精神：清和婉转的音节，和他个性特殊的魔力（personal charm of his character），略略接近他的五言诗。

个性特殊的魔力恰好道着了渊明的五言诗，他在五言诗里表现出显明的个性，我们仿佛看见他从荒径里缓缓走来，篱边照耀着几株菊花，南山浅蓝融入胸臆；仿佛看见他坐在东窗下，持着一盏春酒，八荒昏朦，薄寒浸进来，他的手微微战慄，隐约听到他的叹息。在他的四言诗里却不甚能发现"任真自得"，不愿留下姓氏在人间的那位"五柳先生"。穿起古装来，学着从前的姿态跳舞，多少会妨碍性情的表现，我对于渊明的四言诗也有这样的感觉。

他的四言诗不仅不会表现出他的个性，也限制他抒写某种题材。陶渊明和自然一向是交融在我们的观念里，但那是由于他的五言诗，他的四言诗很少写自然（"田园"的意义太狭窄）。除了我举过的例子，四言中这类的诗也就没有什么成功的。

花药分列，林竹翳如。（《时运》）

意象太简单，表现不出特殊的感觉。

山涤余霭，宇暧微霄。（《时运》）

若有深远的含蕴，当然意象不妨朦胧一点，也不一定多刻画，而"山涤余霭"只是说山清朗无云，见不出悠深的意境，也没有生动的姿态。而他的五言诗：

露凝无游氛，天高肃景澈。
陵岭耸逸峰，遥瞻皆奇绝。（《和郭主簿》）

晶明的秋气里涌出一些山岭，飘逸神奇！诗情化为霜白的快刀，把活的秋光剪到微黄的书卷上来。"山涤余霭"，我们还能感觉出一点春暖欲晴的气象，"宇暧微霄"就直是暧昧了。其实，也就是"暧暧远人村，依依墟里烟"那样的光景（如陶澍所说），那里面却像是缺少一点什么东西。

　　　　　　　陶渊明批评

诗人不一定有意说教，他却能敲亮灵魂幽暗的门，说理的诗如其带着趣味和情感，透过诗人的经验而表现出来，也能造成智光璀璨的灵境。诗究竟是在教训人或给人快乐？是一向争讼不决的问题。其实诗不但包含教训与娱乐，同时也有感染的力量。理智（思想）和情感在文学里书可以并肩发展，并非不能相容的，它们是相依相违，却又相成。快乐和教训也不能严格处分，随着诗情的羽翼，我们飞入奇异、广大，比现实更美更真的宇宙，在满足的快乐里，便也包含启迪的作用了。但又不仅感动而已，真正伟大的诗，读过之后，必发生一种"永久的变化"，如瑞洽慈所说的，"我们易于感应的每个人，对于各种刺激之集合有如何适合（好的或坏的）之可能性之变化。"[1]自然，有力量能使人发生这样深刻变化的诗确乎太少了。

现在让我们回到陶渊明的诗吧，我想借《荣木》作为个例子，来解释他四言诗和五言诗诗中说理的问题。"诗像一张有翅膀的琴"，他可以借意境与音乐的两翼带着人（不知不觉的）飞升。如其说理，它就将思想点化成感觉，变幻为境界，使读者自然而然被它的美所吸引、摄住，凝神静虑，终于忘掉了它的美，忘掉了它的用心，忘掉了自己，是一个"神圣

---

[1] 见他的 *Science and Poetry*。

的梦"。赫伯尔（Friedrich Hebbel，德国诗人和剧作家。——编者注）说一句微妙的话："诗人犹如牧师，喝的是神圣的血，而全世界都感着神的存在。"①恰正可移来解释这个观念。

《荣木》，我不能不说它是一首坏诗，陶渊明的心灵是各种思想与错综复杂情感的大河流（当然也不只他如此）。忧勤自任的思想兴起时，受玄言诗和《诗经》格调、空气的支配，就扩大了，别方面的性质因而隐没。自然，诗可以只是一刹那的情思或感觉，不一定表现全部人格，我的意思是说明他这种思想是真实的，不过他的表现受了限制，不免"平典似道德论"而已。

首先用《荣木》比喻人生的短促，没有什么生动的力量，末尾像是死命在那里挣扎，却更显出空虚的软弱，中间就堆砌一串一串粗糙抽象的观念。

> 贞脆由人，祸福无门。
> 匪道曷依？匪善奚敦？（其二）
> 先师遗训，余岂之坠？
> 四十无闻，斯不足畏！（其四）

---

① Ludwig Lewison 编 *A Modern Book of Criticism*。

文字后面没有情感和趣味的波动，也不会透过感觉，用美的形象呈露出来，它只是一串一串粗糙的观念。

他在四言诗中说理的尝试是异常失败的。里面摇曳着玄言诗的阴影。这不是他的才能不够，而是这种诗体的语言形式和传统的空气限制了他的才能。他的哲理在五言诗才得到充分完美的表现。

陶渊明幽默的天才在中国诗人里是发展最早而且最高的一个。幽默要是真理的孩子，由善的崇高的心所包含的智慧与快乐结合而产生的，他的五言诗就有这样优美的品质，你读着的时候，心里自然而然流露出微笑，轻松而严肃。这种幽默的趣味在他以前的诗里是极少遇见的，在他自己庄重严肃的四言诗里也收敛起它的踪迹。

> 悠悠我祖，爰自陶唐。
>
> 邈为虞宾，历世重光。
>
> 御龙勤夏，豕韦翼商。
>
> 穆穆司徒，厥族以昌。

《命子》头五章都用这样深奥的字眼，声调艰涩。那种"典重肃穆"的姿态是有意追摹大雅。这实在就是四言诗的"常格"，渊明的四言诗就接受这样一种气氛。"肃矣我祖"是个转捩点，像是大祭完华，安步跨出庙堂，这才喘过一口气，觉得遍身轻松了一点。

> 厉夜生子，遽而求火。[1]
> 凡百有心，奚特于我。
> 既见其生，实欲其可。
> 人亦有言，斯情无假。

开始是那样严肃，几乎窒死心跳，到这里忽然破颜跟儿子开起玩笑来，使这里面空气显得异常不调和。怕他首先原没有那么严肃的教训，而是受了大雅的影响，才不由不摆出"雅穆"的神态来。可是真的性情虽然隐没，它还会露面的，而这轻松戏谑的情调在这里面就显得奇怪得不和谐。他的四言诗居多接受雅的气氛，而雅是"典重肃穆"的，最不适于表现幽默的情趣。如果将这篇和他的五言诗《责子》比较，就可以看出，在

---

[1] 李注《庄子·天下篇》："厉之人半夜生其子，遽取火而观之，汲汲然惟恐其似己也。"

陶渊明批评

四言诗里，他诙谐慈祥的个性几乎完全消失于"安雅"的氛围，偶然流露，就破坏了诗的统一。

三

我几次提到《时运》。自然，这不是什么好诗，不过，除了《停云》和《归鸟》，这还算比较好的了。而像

> 称心而言，人亦易足。
> 挥兹一觞，陶然自乐。

我们感觉它直率僵硬，哪里有点新活力？

《酬丁柴桑》单调直率，稀薄的情感浮在平泛的语言上，句法意境都没有新的表现。《赠长沙公》是不得已应酬之作，真替他担心这样牵强的话太不容易说下去。《劝农》就是《怀古田舍》所说的"秉耒欢时务，解颜劝农人"。不过，仍旧承受雅与玄言诗的影响，笑颜因而掩去了大半。

九首诗中最好的当然要推《停云》和《归鸟》。《停云》使我想起徐干的"浮云何洋洋，愿因通我词，逍遥不可寄，徙倚

徒相思"，而延伫的云是新的象征。

情感像微云流过柔蓝的天空，要追摹它的迹象，就如在月光下搜寻瀑布映在石壁上清微的影子，用文字把那个影子描下来，（文字是多么残缺的符号！）保留的已极有限，读者的经验兴趣和诗人不尽相同，于是诗一部分歪曲，一部分湮灭，一部分不自觉地扩大，真正诗人的情绪读者所能共感的，不就像几缕梦的游丝了么？因此诗特别讲暗示，重言外的神韵，不专求表现，而在使读者就有限的文字填满无穷的虚白。诗像是一缕微微的风，在你心上轻轻一扇，便生起粼粼的绿波，使你感觉天地全染满了春色。比兴和象征的作用也就把情思的晕围扩大到无限，用微弱的文字达到无言的境域。

《停云》，如说是用比兴，那它是浑融到一点不见痕迹。每一章它都用情调相合或相反的景物，与自己的心情"对照"、"烘托"，因而加强了诗情的色调和浓度。《停云》在四言诗的世界里，构筑起一座新的异境，和它以前任何作品比较，它一点不愧是最微妙、最完美，以后就再没有人继起。特别是它和平渊静的旋律达到高远的绝境，以前的四言诗是否曾产生过这样神异的音乐，我还不曾发现；在其后的四言诗里它简直成了高山绝响。

诗里面每一个字都带着回荡的声音，造成一种回荡的旋

　　　　　　　　　　　陶渊明批评

律，每一字，每一句都在那里回旋、闪动，环绕着朦胧的情致，隐约地露出一点清晖。这旋律大都建筑在"匀称"和"重叠"上，每一章里你都听到一种和美的声音低徊、反复。特别是头两章前面四句只略微将文字颠倒改变，就造成一种回声的韵律（echoing rhythm）。加上"霭霭"、"濛濛"、"云"、"昏"……这些朦胧低沉字音的缭绕、反复，因而升起一种气氛，蕴涵着迷濛的云水烟霭。

若就诗的结构看，他是一卷一卷回旋的波浪，头两章文字改变不多，后两章改变虽然多一点，用意和文字的安排依然没有两样，而字眼和意象经过重新组合，便带了新的关系，新的意义，产生了新的效力。每一章都是新的开始，像一朵浪花催促一朵浪花，细粼粼地卷到远处去。音调邈绵，像低缓的古琴在那里袅娜，温柔的情感便随着低徊、荡漾。

诗里描出一幅图画：就在东轩里（你在窗子外面就望得见），一个白发的老诗人悠然地举起杯来，忽又来放下，搔头望着远方。

这首诗的设境凑巧恰像《郑风》的《风雨》：

风雨凄凄，鸡鸣喈喈。
既见君子，云胡不夷？

《风雨》每章仅仅改换几个字，节奏是单调的，意义也太简单，它还要借助音乐，才能恰当地产生动人的效果，也就是说，它还不能脱离音乐自成优良的文学作品，《停云》仅仅文字的意义就已达到高远的意境。

《停云》头两章没有高亢的音节，没有强烈的意象，真超谐入极高的和谐静美。在那恍惚如梦的音乐里，你心里蒙着一味迷迷茫茫的感觉不是？到了

> 东园之树，枝条载荣。
> 竞用新好，以招余情。

温暖的清晖落在绿枝和花上微微闪烁。"八表同昏，平陆成江"，隐含对于乱离的悲感。而"竞用新好，以招余情"，是诗人忘掉自己，精神和自然交融的境界。并不像批评的人所说，这里面包含什么讽刺。——论诗而忘掉诗人的心灵，或过分拘泥寻求他的用心，都永远接触不到诗的真谛。

> 翩翩飞鸟，息我庭柯。
> 敛翮闲止，好声相和。

岂无他人？念子实多。

愿言不获，抱恨如何？

音节转到盈盈灵动，天空飘下几只飞鸟，落在庭树上唱和，它们度给渊明深挚的情感，就像是"众鸟欣有托，吾亦爱吾庐"。

《归鸟》是诗人自己的象征。用"鸟"作比喻，也许受了《庄子·逍遥游》的暗示，《庄子》里乘风壮飞的大鹏和渊明放逸那方面的性格恰好相应，也正因为如此，所以他不忘淑世，而终能超世。《归鸟》使我们联想起屈原：《橘颂》是他少年时候理想的象征，橘树轩昂，独立明媚的南国；《归鸟》就是渊明的化身，幽姿俊影，独往独来。

《归鸟》也许是受了《离骚》的暗示，它们有不少契合的地方：岂特布局设境，就连措辞也太相近了。象征的方法是从屈原才大量而且极圆熟地使用，以前不容易见到，其后用的人不多，因为采取这种手法，而联想起屈原，是太自然不过的。渊明常回到古代寻找他的同调，由于性情和处境有共通之点，在"偃偃辞世"的时候，感到古代曾经笼在跟自己相似命运里的人，因而联想起他的作品，更是非常近情理。何况渊明的五言诗里有屈原影响，四言诗也可寻出一些踪迹？如果将《离骚》和《归鸟》对比，渊明的性格与《归鸟》的价值更可以看得清楚些。

《归鸟》含有渊明博大的爱和同情，崇高的意志想使昏暗的世界有个好转，他不断地苦恼、奋斗、挣扎，在对于当前景况深澈觉悟之后，归终走上养性全真的幽径，而他对于这个世界是夷犹、踌躇、依恋，一步一回头，《归鸟》纯粹运用象征的方法。诗境那样深远，诗意那样绵密，诗意那样玄妙，在四言诗里从前不会见，以后再没有继起。

《归鸟》也就写出了渊明的一生。从那里面我们可以解释出他情思的真谛，和行为转变的丝迹。若用一句话解释这篇诗意，不妨说，"倡佪辞世"。

每章都用"翼翼归鸟"开始，这不仅染浓了诗的情调，也留下了归鸟迟迟飞飏的形象。

《归鸟》里象征的意义从渊明其他的作品都可以寻出映照，也就可以互相解释，而真义更容易显出。①《归鸟》虽然短，却包含《离骚》深远宏伟的意境。"晨去于林，远之八表"，犹如屈原上天漫地周流。"和风弗洽"，就像是屈原遇谗见疏。《归去来辞·序》谓，"怅然慷慨，深愧平生之志"，可以移来说明这里所谓"翻翻求心"。

　　　　虽不怀游，见林情依。

　　　　遇云颉颃，相鸣而归。

仿佛《离骚》：

----

　　① "晨去于林，远之八表。" ——我们想起年青时候的渊明："少时壮且厉，抚剑独行游。""猛志逸四海，骞翮思远翥。"
　　二三两章——"俛俛辞世。"
　　"景庇清荫"——犹如"浮云蔽白日"，"路幽昧以险隘"。
　　"日夕气清，悠然其怀。"——归田后恬静的生活，最好和他恬澹清远的诗对照看。
　　"游不旷林，宿则森标。晨风清兴，好音时交。"——是高洁人格的象征，仿佛《离骚》："朝饮木兰之坠露兮，夕餐秋菊之落英。""饮余马于咸池兮，驰椒丘且焉止息。"
　　"矰缴奚施？已倦安劳？"——"贤者避其世。""性刚才拙，与时多忤。自量为己，必贻俗患，俛俛辞世。"

忽反顾以游目兮，将往观乎四方。

悔相道之不察兮，延伫乎吾将反。

温汝能说得非常恰当："全篇语言之妙，往往累言说不出处，而数字回翔略尽，有一种清和婉约之气在笔墨外。"所以它能用这样短小的形式，表现这样深远复杂的意境，要想用语言解释它，几乎不可能。就如：

遄路诚悠，性爱无遗。

包含多少说不出也说不尽的意思？就像是：

闺中既以邃远兮，哲王又不寤。

时暧暧其将罢兮，结幽兰而延伫。

到了林子，再没有希望，他还是在"徘徊"，绝望中得到些微安慰，往往感激流下泪来，在这样的喜悦里，他说：

岂思天路，欣及旧栖。

"涵茹到人所不能涵茹为大，曲折到人所不能曲折为深。"（《艺概》）刘熙载这两句话移来解释这个深婉窈渺的境界，或者可以得其仿佛。《离骚》也有这样的辞句，一样的沉痛。

　　　　何所独无芳草兮，尔何怀乎故宇？

　　两个诗人在命运里如何挣扎，如何处理他们自己呢？陶渊明虽然没有同调，还能够谐合众声，在日暮清爽的空气里悠然自得。屈原的态度就更为决绝，只有叹息："既莫足与为美政兮，吾将从彭咸之所居。"于是走上死的白路。

陶渊明五言诗的艺术

一

钟嵘说陶渊明的诗"质直",像是"田家语",其后直到宋朝,还有人嫌他没有文采。这是陶诗里比较重要的一个问题,似乎用得着一点说明。诗不尽是"情感自然的洋溢",它必须经过艺术的镕裁;正如西密拉(Simylus)所说:"自然(nature)没有艺术,或是艺术不与自然结合,无论对于谁,想要求任何的成功都是不够的。当这两者遇合在一起,它仍旧需要加上运用,与方法、工作的爱好及练习,一种适宜的机会、时间和能了解所说及的判断(批评)。"[①] 诗人的本质并不只是由于他具有那种情感和思想,而他特殊的表现

---

① 西密拉(Simylus,355B.C.): *On The Condition of Literary Achievement*。

能力同样重要，甚至是更重要的。这就走进了形式跟内容的问题。对于任何成功的艺术品，内容好而没有精美的形式，或只有精美的形式，而缺乏崇高的内容，都是不够的，两者必须恰当地配合，而得到高度的发展。但又不仅调合而已，它们是交融在一起。白诺德（Arnold Bennett）说得很对："风格（style）跟内容是不能割分的，当一个作家表达一种观念（idea），他就是表达一种字句的形式。字句的形式造成他的风格，而它是绝对被思想驾驭的。"① 怎样才是恰当的调和？却不容易有标准的尺度，时代风尚和个人的性好都难免没有偏歉。

得，话又落到陶渊明的诗了，阳休之、陈后山或说他"辞采未优"，或说他"不文"，他们只是看到他字面的意义、色彩和辞句的雕饰，忘了这些文字在诗里产生的"意境"（自然包括内容的效果）。这种批评不相干，我们倒要探寻陶诗语言的特色，他为什么用这种语言？

有人说渊明的诗不是六朝的诗，我们却正要回到他那个时代去找根源。太康以来的诗人尽量敷砌词华，追求骈俪，真如刘彦和所说："采缛于正始，力柔于建安，或析文以为妙，或

---

① Arnold Bennett：*Literary Taste*。

流靡以自妍"。当时的诗就因为这样，真的思想和情感被扼死，一点生机也微弱得可怜了。由繁缛回到素朴，由矫饰回到自然，由浮靡回到清真，到了尽处，转过头来，原是极自然的趋势。陶渊明的诗就是这样一个转变中的结晶。

他的诗语言简单凝练，挹取了乐府诗的明白生动，稍稍和口语相接近。姜白石说它"散而庄"，这个"散"字实在捉住了陶诗的精魂。他是从过分雕琢骈俪的辞句和结构，转而用比较接近散文的组织写诗，以语言自然的节奏为基调（不管他有意或无意）。他选择简单的文字（意思却不简单），安排在比较自然的次序里，不多排偶，这样就形成了他"平淡"的风格。那样自然，就如湖水里迸出的荷花——在风中飘举，他们是怎样来的呢？寻不出足迹。然而他岂只是"平淡"而已，巧妙的安排，精意潜在字句下面运行，真是奇奥精拔，隐约变化。可是，这件素朴的衣裳它的内美是不容易看出的，似乎是直到东坡才发现它："质而实绮，癯而实腴"（《与苏辙书》）。

一种诗体原有它自己的特质，经过时间较久，诗人将它烘染上特殊的情调，于是就造成一种空气，有的内容比较适宜用它来表现，有的就不甚适合。渊明的诗大都是用五言写的，五言诗尚安恬，宜质朴，适于表现平淡真挚和亲切的情思（比四言为流动，比七言易含蓄）。这样就跟他诗的意境完全契合了。

一个伟大的作家都是将过去的传统经过自己改造，重新综合，才取来作为自己的滋养。陶渊明的五言诗似乎不会从《诗经》里取得什么，《楚辞》他主要的怕是从那里接受了一点气氛或情调，从乐府诗就在明白生动一方面，也汲取了它一部分的技巧。他的泉源是在建安的诗，和古诗十九首（建安诗人大量制作乐府，渊明诗里乐府诗的影响一部分也由它们传来），更重要的是曹子建和阮籍。

接受别人的影响，诗人自己或有意或无意，甚或是完全不自觉的，有时它潜在最深处，简直不容易发觉，而它却确实存在。像是从前旅行过，就说西湖吧，一片远山凝翠和水的明蓝浸在记忆里，有时它们会悄悄地将轻微的颜色投映到诗里来，虽然你不容易感觉出。我只想在渊明诗里，搜寻一点他和过去诗人感通的迹象，这迹象只是我的心灵在他的作品里漫游时偶然发觉的一点清影，原不能拘泥看的，断然无意追踪渊博的学者，一口咬定它的出处、来历。

陶渊明从《楚辞》接受的情调，特别在他和阮籍相近的那些诗隐约可以看出（阮籍想象丰富，辞采幽丽，主要的是从屈原来）。这就说得太远了，玄虚迷离，只能感觉，不容易说明。

可是，也并非全没有比较显然的痕迹可寻。《饮酒》"清晨开叩门"那首诗，我常是联想起《渔父》。这两篇命意天然就相同：一借渔父发抒弃世自沉的隐衷；一借田父说明自己不能出去做官的决心。《渔父》首先布置一场小景："屈原既放，游于江潭。行吟泽畔，颜色憔悴，形容枯槁。"《饮酒》也用一幕小景开场："清晨闻叩门，倒裳往自开。"不同处只是一用第三人称，一用第一人称；渊明穿插了一点乡下的人情，"田父有好怀，壶浆远见候"。以下没有描写，全是对话：《渔父》两问两答，非常显明；《饮酒》两问一答（省去了田父回答的话），不曾点明说话的人。不同处却正见出相同：屈原回答渔夫"何故至于斯"那一段话，恰恰相当《饮酒》"疑我与时乖"，不过后者化成叙述而已。而前者结尾渔父唱着《沧浪歌》，打桨而去，这一景是《饮酒》没有的，为了对照，更不同得有意思。这又是设境与安排的相似了。

对话本身也给我们十分契合的对照："一世皆尚同，愿君汩其泥"，不就是"世人皆浊，何不淈其泥而扬其波？众人皆醉，何不餔其糟而歠其醨"？"深感父老言，禀气寡所谐。纡辔诚可学，违己讵非迷？"不就是"安能以身之察察，受物之汶汶者乎？安能以皓皓之白，而蒙世俗之尘埃乎"？而"宁赴湘流，葬于江鱼腹中"，词气悲婉；渊明就非常斩绝："且共欢此饮，吾驾不可回！"也许田父气折，不再说话，自然用不养渔父歌沧浪那样的结尾了。

古诗十九首影响后世之大，恰如它短小的篇幅成个相反的对照。大约一由于它是五言诗中很早的，一是它可以代表两汉五言古诗最高的成就。组织和声调就泄漏出风格的秘密，若从句法着手，研究古诗十九首对于渊明诗的影响，必然可能有不少的发现。这样的句子并不难找："往燕无遗影，来雁有余声"，宛然就是古诗十九首"秋蝉鸣树间，玄鸟逝安逝"；"荣荣窗下兰，密密堂前柳"，跟"青青河畔草，郁郁园中柳"，是一种结构；"世短意常多，斯人乐久生"，就像是镕铸"生年不满百，常怀千岁忧"两句的意思。

如果就神情与态度着眼，也可以发现它们中间的关系：《饮酒》"栖栖失群鸟"和古诗十九首"冉冉孤生竹"、"西北有高楼"相近，《拟古》"仲春遘时雨"、"迢迢百尺楼"和古诗十九首的情韵太酷肖了。这就或者说得太远了，迷离恍惚，不容易抓得住，不妨举出个实例来。《归园田居》"种豆南山下"和古诗"涉江采芙蓉"不但句的形式相似，就节奏也太像了，命意设境仿佛是渊明有意模拟。先都点染一片清灵的背景：古诗"涉江采芙蓉，兰泽多芳草"，渊明一样地利用了这种手法，"种豆南山下，草盛豆苗稀"。随着写动态："晨兴理荒秽，带月荷锄归"，静观凝思，一步一步从长满草木的小路走来，上句只是烘托"带月荷锄归"的景况；"采之欲遗谁，所思在远道"，则是缱绻缠绵的情意，下句只是描写他的内心，而动态在"采之欲遗谁"见出。随后两篇同样是抒发诗人的感慨。说也奇怪，这两首长短也竟相同，不多不少恰正是八句。那么渊明是否一定受了它的影响呢？从形式和手法看，他可能是从那里得到了一点暗示。

中国诗一向稍偏向抒情的路发展，成绩最好的也是抒情诗，叙事诗不发达。"对话"和叙事是有密切关系的，叙事大都少不了对话，抒情诗就往往只是作者一点感触，一种情调，或者说是"心灵的独白"。唐以后的抒情诗就不很容易看见对话了。而乐府诗常是包含故事。用对话带着事实发展，后来的诗用对话大都受了它的影响。虽然周秦诸子常用问答写故事，《离骚》和比较古的诗常有对话，汉赋也有设难，而在这方面影响后来的诗最直接的怕还是乐府诗。渊明诗里有比较长的对白，或是简短的上句问，下句答（如"问君何能尔？心远地自偏"）。这多少受了乐府诗的影响。

　　　　　　　　　　　　　　　　陶渊明批评

渊明有袭用乐府诗句的[①]，也有整篇可看出乐府诗的影响的。《归园田居》"久去山泽游"和古诗"十五从军征"，同是用对话铺排，布局、命意更是出奇的相似。渊明虽然不一定有意模拟，大约是受了他的暗示。

渊明的五言诗从曹子建学得不太少，这不重在说模拟他那几篇，那些句，而在从他接受一种情韵和表现的方法。这样高的影响，就只是一种精神浸入诗的深处，不能只在一篇一句里找它的迹象了。

渊明的《拟古》，从表现说，真是"拟古"，不过写的是自己欲吐难舒的深情。这里面有好几篇显然是受了曹子建《杂诗》的影响："迢迢百尺楼"似用《杂诗》"飞观百余尺"的境，不过子建是壮怀慷慨，渊明则将诗意推远一层。《拟古》（和《饮酒》一样）充泛着愤切不安定的情绪，渊明在这首诗里愈是要做旷达，愈是悲慨淋漓。"辞家夙严驾"，显然就是拟《杂诗》"仆夫早严驾"，它一个个字在凄迷的微雾里炽燃着悲愤。模拟的痕迹更明白的是"日

---

① 汉乐府《鸡鸣》："鸡鸣高树巅，狗吠深巷中。"渊明《归园田居》："狗吠深巷中，鸡鸣桑树巅。"只将汉乐府两句颠倒，"高"字改成"桑"字。

暮天无云"，谁把它和《杂诗》"南国有佳人"这两篇一眼看过去，都会发觉它们命意结构和措辞都太酷肖了。

渊明《杂诗》里阮籍的影响不容易见出，而《饮酒》我却常将它和嗣宗的《咏怀》联系在一起。从处境说，渊明和阮籍系生在同一命运里，《杂诗》和《咏怀》用心也就太多相同处，《饮酒》确乎是受了不少阮籍的影响：用典故穿绾，借比兴象征，或是寓言渲染成恍惚迷离的情调。这是处理空气的手法相同处。而这种手法在渊明的诗（除了《拟古》和《饮酒》）是极少遇见的，恰正成了一个非常有意义的对照。若细细比较，又会发觉《饮酒》的句法、用事和设境与《咏怀》都太酷似了。《拟古》一部分学古诗十九首，一部分学曹子建，一部分学阮籍。"迢迢百尺楼"和《咏怀》"登高望四野"非常相似；"日暮天无云"像是从《咏怀》"西方有佳人"取得一点灵感和情韵。

二

陶渊明将诗的题材伸展到自然，实在是开创了一种新的文学。就形式说，也是新的。就讲节奏吧，它是以语言自然的节奏做基调，虽然也有不少是诗的特殊的组织，和当时过分雕饰、骈俪、不自然的诗正是个好对比。较为自然的节奏可并不妨碍他产生和谐的音乐，他有几篇简直是回荡流动的旋律。随着他新的题材和诗的特殊的语言，带来了新的韵律。爱略忒（T.S.Eliot，今译作艾略特，英美现代派大诗人。——编者注）说得好："谁寻得了新的音律，他就是扩张、精美了我们的感觉；那不仅是技巧的关系。"而渊明又不仅是新的音律而已，他诗里有种特殊的声音，成为新的个人的韵律（new personal rhythrn），如果用柏蒲（Alexander Popo，今译作蒲伯，英国古典主义大诗人。——编者注）的话，可以说是"声音的风格"（style of sound）。

渊明用比较接近说话的语言，清而不太重，淡而不太秾，真挚而不浮饰，跟他诗的内容刚刚谐合。除为了制造空气，或借古事抒怀（如《饮酒》、《拟古》），他极少用典，——当然也由于他那种新诗过去很少恰好表现它的典故。他的诗排偶也是极少的，尤其抒写田园情趣的那些诗，是更为自然的（从前的人称他"平淡"，大约是指这类的诗），无论字句或组织，它未尝不精炼，却都磨光到透明，见不出痕迹。山谷说得也对，"不烦绳削而自合"。

不见痕迹，究竟不是没有痕迹，若从句法着手，研究他如何表现这种新的意境，一定可以发现不少的奥秘。他往往用直觉顿然捕捉住最微妙的情感，"空庭多落叶，慨然知已秋"，给你的神经通一闪电花，谁能不警觉？而终于是一缕叹息压你心上，化为轻烟似的惆怅，像这样高的境，我们除惊异于他神秘的力量，真也就只好叹息"无迹可寻"了。而细细寻绎，也就还有话可说，也许正有话要说了。"目倦川途异，心念山泽居"，掘发了远游人最深沉的情感。他研磨诗意化为最明锐的感觉，刺进人心灵深处（特别是"倦""异"两个字相摩相荡，见出坚凝的力），正如"计日望旧居"托出归人望乡迫切的心情一样。他常善用了不相同的境对照，使诗意更鲜明深邃。例如"世短意常多，斯人善久生"，"情通万里外，形迹滞江山"，而"岂忘游心目，关河不可逾"，意思姿婉、曲折，跌宕更见姿态，更显出力量。杜工部诗里也有这种句法，如同"反畏消息来，寸心复何有"。句子的形式也就灵巧变化，有时两句包含一个意思，其间微微转折，"所以贵我身，岂不在一生"？柔韧中见出力量来。有时意思一层一层处进，螺旋似地钻过人心里。"民生鲜长在，矧伊愁苦缠"，这种句法到李商隐就更巧妙地发生变幻了："此情可待成追忆，只是当时已惘然"；"春心莫共花争发，一寸相思一寸灰"。

陶渊明批评

渊明诗新的意境一面也建筑在他的思想上。他所表现的哲理比以前的诗人都多，思想浸进诗里，渐渐如情感一起发展，渊明的诗正隐约说明了这个新趋势。他说理的诗你大都感到宁静的哲学的美，歌德这句话可以借来作为很好的说明："诗人需要一切的哲学，但在作品里，就必须避开它。"渊明的哲学是经过他生活熔冶出来，化为纯净的光辉，而后映射在他的诗里。"啸傲东轩下，聊复得此生"，乐天安命的哲理融化在恬淡的情趣里，你但领略他那微涩的甜味，不会想起那里面放了蜜。"客养千金躯，临化消其宝"，玄机透过他优美而满载着思想的心，染着了情感，形象化而诉于智慧与想象，这里面的隐喻也就蕴含深长的趣味。山水是表现老庄意境最好的形象世界，"采菊东篱下，悠然见南山"，就是最为宋人称赏的这样的名句，他的思想构成神奇的境界，使人惊异而低徊在那里面。"结庐在人境，而无车马喧。问君何能尔？心远地自偏。"王荆公极其赞叹，说是"自诗人以来无此句"，其实这里面也就是从《庄子》借来的思想。他有时是诙谐地含笑给你讲道理，你却忘记了他是在讲道理，觉得非常有趣。《拟挽歌辞》的思想其实就是"纵浪大化中，不喜亦不惧。应尽便须尽，无复独多虑"。在那里面我们并不感到死的恐怖，而爱他的和平静美，欣赏渊明在死神霜一样的怀抱里自在笑傲的情态："有生必有死，早死非命促。""在昔无酒饮，今旦湛空觞。春醪生蜉蚁，何时复能尝？"

不错，渊明的哲理诗是他生活映射出来宁静的光辉，这一句话也就说明了他所有的诗。谁都知道他是第一个写田园情趣的人，可是，怕很少人明白，诗到他手里，总是更广泛地将日常生活诗化。这句话似乎平凡得有点怪，诗当然表现生活，可是，渊明以前的诗人就不甚多写个人日常生活。什么地方没有诗呢？这句话是不错的，而它隐在幽深处，要诗人才会发觉它，显现它。平常的生活化成了诗，我们就感觉它更丰富，更充实。渊明用高尚、平实，而且真率的态度将生活呈现在诗里，青松、鸡、狗、黄昏的锄头，一触到他的笔，便都染着了高贵的灵性和情感。他就从日常琐细的生活，鲜明地显露出自己的个性。

个性如何在文学里渐渐显出，细细搜寻是一个有趣的奇迹。《三百篇》里我们不容易接触到诗人自己；屈原太高了，仿佛要仰起头，绝望地看；建安的诗似乎不甚能辨认出作者的个性；太康的作者性情又多被词华淹没。就是阮嗣宗吧，他虽然恰好说明了魏晋文学的新趋势：由现实趋向浪漫神秘，个人从社会幽暗处解脱出来，渐进于"自我表现"而他的诗意旨渊远，和我们像是隔着一层虹色的细雾。直到陶渊明才和我们相当亲切，虽然他太皎洁的光辉照耀得我们的眼睛有点花。中国诗人到陶渊明个性的渐渐显露，这个奇迹微妙地说明了："文学的经验的中心从人类移至个人，从抽象的道德的世界移至热情激动的灵魂。"①

陶渊明因真率坦白的态度而显露出个性特殊的魔力，是他惹人爱的地方。若追寻他诗里面的趣味，还有好些特殊不同处：我们已经提到过他幽默的天才，这使他的诗格外亲切妩媚。朱光潜《诗论》里的这段话，可以作为很好的说明："豁达者从悲剧中参透人生世相，他的诙谐出于至性真情，所以表面滑稽，骨子里沉痛。……豁达者超世而不忘淑世，他对于人生悲悯多于愤嫉……中国诗人中陶潜和杜甫是于悲剧中见诙谐者。"渊明在田园里精神得到清明、安定，哀愁可不会绝了缘，他常用诙谐排遣他们，这深沉的微笑，是欢欣，是哀愁，也轻松，也严肃。

他那些淡远闲适的诗，假如一有清晖，朗静明彻，是"如将白云，清风与归"的风致。有人说得很对，他"能以光风霁月之怀，写冲淡闲远之致"，他的诗将我们从现实生活里举

① 流伊松（Ludwig Lewison）：《文学与人生》。

起，升入崇高清灵的灵境。他却不只是轻声安流，你常常可以在"清风徐来，水波不兴"之外，遇见一些回湍倒影，心随着他极度热烈的情绪，奔驰在激动的快感里。"渊明诗有'理趣'"，他的思想所反映出奇特玄妙的诗意，的确能给人惊奇和趣味，又不仅是教训而已。

在渊明诗里找爱情是不容易发现的，如果有，那就是《闲情赋》和"日暮天无云"。有不少中国古代的诗人，他们心里的爱情（由于礼法、习惯和婚姻制度）像是压缩成了一种平凡、实际的生活，虽然不会完全压死，也就不容易产生崇高纯洁的情诗了。至于陶渊明，这种情感也许转移为音乐、自然的爱好和事业的熟悉，经过净化，升华为诗了。而他就全然泯灭了么？也不，他有时会从幽暗的下意识里窜出来，也许诗人不自觉，也许他怕人发觉而拼命掩饰（《闲情赋》），也许是真的寄托（"日暮天无云"），却难说一定不会悄悄混入了爱的意义，鼓舞他创作时的心。

三

向来将陶渊明和谢灵运相提并论，也许由于山水这段因缘，可是他们实在走着太不相同的路呵。就态度说吧，渊明笔下生出的风景是他心灵或意境的象征，谢灵运就以写实的态度精心刻绘。往深处看，渊明诗里一株树、一片山都染着他情感的颜色，耀着崇高的灵性与品格；谢灵运的诗里是没有什么情感的，因而他笔下的山水缺乏生命和高远的意境。这又是表现高低之不同了。灵运雕刻骈俪太重，虽然不是没有深俊的诗意，但不免有凝滞的感觉。到谢玄晖，诗是能够流动了，但他和康乐一样，只有佳句，很不容易寻出完美的诗篇。钟嵘说他"意锐才弱"，这批评是很恰当的，"一章之内，自有玉石，然奇章秀句往往遒劲，善自发诗端，而末篇多踬。"若站在"调和"与"完美"的观点，渊明是远超过了玄晖和康乐。

无论是自然或田园生活，在渊明诗里你只接触到一种意境、情趣，或者说是空气（想象和情感合成的奇景），看不出各部分细致的形象，可是，他准确的感觉却从生活和自然捕捉住最真实的景象，而进于高邈的缔造。"清气澄余滓，杳然天界高"，"微雨洗高林，清飙矫云翮"，这里面是极高、极细微的感觉。

他诗里也有称田家气象，咏涵丰美的"真趣"：

野外罕人事，穷巷寡轮鞅。

白日掩荆扉，虚室绝尘想。

时复墟曲中，披草共来往。

相见无杂言，但道桑麻长。

桑麻日已长，我土日已广。

常恐霜霰至，零落同草莽。（《归园田居》）

"时复墟曲中，披草共来往。相见无杂言，但道桑麻长。"不是田野里的人，无从领会；没有真确感觉的人，体验不到；要不是这样真朴的形式，哪能表现得出？这就不仅是"意境""空气"而已。

范石湖的田园诗里最富于这种"真趣"，比较参看，更能显出渊明诗的价值。

蝴蝶双双入菜花，日长无客到田家。

鸡飞过篱犬吠窦，知有行商来卖茶。

梅子黄时杏子肥，麦花雪白菜花稀。

日长篱落无人过，惟有蜻蜓蛱蝶飞。

昼出耘田夜绩麻，村庄儿女各当家。

儿童未解供耕织，也傍桑阴学种瓜。（《四时田园杂兴》三首）

诗人的彩笔随它所触着的情境幻化为适宜的声色，陶渊明写田园，居多是用清淡的笔，不甚渲染，然而他有你意想不到的绮丽。

　　日暮天无云，春风扇微和。

　　佳人美良夜，达旦酣且歌。

　　歌竟长叹息，持此感人多。

　　皎皎云间月，灼灼叶中华。

　　岂无一时好，不久当奈何？（《拟古》）

这是怎样的一种声音！你念的时候，有点喘不过气来不是？俨如三月的微风透过红杏林吹来的，含着潮润的芳馥，阳光温煦。这富丽回环的声音像阵阵花香喷出，由于有机的韵律（organic rhythm），融为一片和谐的妙乐，每一个字（仿佛已成流质）都颤动着，宛然潋滟发光的珍珠，即使完全不懂得诗的意思，只要听一遍，也不难想象一个在良夜里酣歌达旦的美人。这首诗最大的成功在它的声音。"日暮天无云，春扇风微和"，黄昏明媚像一朵玫瑰，春波金色的鬓发颤动着，倾听佳人悸颤于良夜的妙音。"皎皎云间月，灼灼叶中华"（比兴的运用已经圆活多了，它是融和在诗里，不像《诗经》都放在每章的发端。首先是由春天起兴，就通篇看，可以说是象征的），弦音到了最高点，色彩也绚烂到无以复加。这样奢侈的用浓重的颜色渲染，只是这两句，而使全诗增加了瑰艳。

话又说回来了，渊明接受了前人的影响，不会完全摆脱（当然也不必）他那个时代的风气（《形影神》有玄言诗的影响，《归园田居》第一首仅仅二十句，竟有十四句是对偶的），而从他身上，也就可以看出其后几百年诗的消息。

随着魏晋浪漫神秘思想的繁荣，想象往天空展开它云一样的翅膀，随着山水文学的兴起，诗人和宇宙有一种默契或情感的交流，"同物之境"渐渐在诗里滋长了苗芽。陶渊明恰好带来这个新的气息。似乎可以这样说，"同物之境"是到他才显然开始发展。"平畴交远风，良苗亦怀新"，"飞鸟欣有托，吾亦爱吾庐"，是诗人和宇宙息息相通的境界。

这新鲜的气息吹进他的诗里，就酝酿出绿的生意。"良辰入奇怀，挈杖还西庐"，这新奇的意境似乎是以前不曾见过的。"试酌百情远，重觞忽忘天。天岂去此哉，任真无所先。云鹤有奇翼，八表须臾还。"同样是充满异想。太习惯于他的平淡了，会惊异于这些诗句："清歌散新声，绿酒开欢颜"；"鸟弄欢新节，泠风送余善""神渊写时雨，晨色奏景风"，这哪里像一般人所想象的陶渊明！从态度说，他已经微微揭开了刘宋以后"声色"的序幕。

渊明诗所抒写的多只是一种"意境"，没有各部分细微的感觉，可是，他有时也用圆熟的喉咙，唱一唱别调："倾耳无希声，在目皓已洁。"写雪景当然微妙，我们却更着重文学态度（特别是山水文学）到他手里露出的转变：刻画写实。谢灵运的山水诗就完全承受这种法则。

建安以前的诗是浑然一气的，到曹子建才开始炼字锤句。讲究对偶（有意做诗），这是诗的一个转关。向来都说陶渊明的诗真淡醇厚。但究竟是晋朝诗了："芳菊开林耀，青松冠严列"，用字多锤炼；"日月依辰至，举俗爱其名"，"悲风爱静夜，林鸟喜晨开"，命意有难想到的新巧。他甚或不避险怪："素标插人头，前途渐就窄。"齐梁以后诗家专爱琢句，渊明早已指点了一条生僻的小路。

这样讲求炼字琢句，会发生怎样的结果呢？沈德潜指出了："汉魏诗只是一气转旋，晋以后始有佳句可摘。"这又是诗的一个转关。锐意向艺术追求，必然产生一种完美，——居多是一部分特别完美，也就产生了不完美。灵运、玄晖他们都留下了不少的名句："池塘生春草，园柳变鸣禽"，"野旷沙岸净，天高秋月明"（灵运）；"余霞散成绮，澄江净如练"，"天际识归舟，云中辨江树"（玄晖）。句子实在是精美极了，但花虽然好，枝叶却不甚称得起。虽然这非就由于名句所累，而那种极力追求完美的态度，未始没有影响。钟嵘说玄晖"意锐才弱"，恰正抓住了这个问题。过分讲求字句的精美（即所谓"意锐"），力量差一点就难顾到篇的完整（即所谓"才弱"）。这种努力在短章比较容易见出成功（就如精细的工笔书适于作小幅的条屏），玄晖的小诗精美完密，正从反面作了很好的说明。

刻意追求艺术的完美，居多产生一部分特别完美，这当然不错，如果它在全篇诗里能够和谐，我们丝毫没有理由说，只有像汉魏那样"一气转旋"的诗才是最好的诗（自然，那样的诗要是真好，也是一种好诗）。艺术往往到比较复杂、比较高时，愈需要多的变化。就说音乐吧，一部比较长的乐曲，当然可以有平和的旋律，低音的伴奏，然而有时并不妨让奢丽的声律像一阵阵穿花乱莺巧啭而涌出，也不妨着矫健飞腾、清亮如银的几声，如其调配得好（当然须有必要），并不会因此破坏乐曲的统一，相反，正因为对照、烘托，使它的意境更鲜朗深远。陶渊明的诗也有名句，譬如"采菊东篱下，悠然见南山"，已成为一般人记忆里珍贵的枝叶，它却是相当调和，使全诗更为摇漾生色。

一九四四，五月初稿

附一　萧望卿论陶渊明五言诗手迹二种

陶淵明五言詩風格

樂 希

我常常想起兩個神秘的字，「新」和「變」，宇宙萬象彷彿都可以寵在那裏面。文學就在他們的潛流中生育滋長，真正的作品都有它自己特殊的面貌和精神。猶如薔薇的色調香澤一朵朵都有不同，各表現出地自己優美的姿態。這獨特的風格就是作品存在最重要的理由。風格怎樣形成？這個問題會引起許多玄妙的回答。中國的文人似乎早早就懂得這个秘密，他們論文時常將體氣和人品排在一起，而畢竟這樣明快是難得的，他說，「風格就是人格」。撥開雲霧，給我们指點一個真相。白朗甯在雲萊及詩的藝術裏說：「我们接近詩，必須接近詩人的人格」。從前中國的人論詩，也說要「知人」「論世」，這是詩的秘鑰。無論怎樣寫實的作品，也必渗透了詩人自我的顏色，絕对客觀是不可想像的。詩人自己就是一首真正的詩，要捉住他的精神，豈是容易的事情。何況陶淵明，猶如孤雲一樣的詩人。

真理往往是經过了悠長的歲月方漸漸發現，人類如何被時代和自己無形的云霧蒙蔽，幾乎是不可想像的奇蹟，陶淵明的詩像空中明滅的孤云，随着時代的眼光变幻。「一切上乘的詩」正如雪萊所說，「都是無限的。一重又一重的幕儘可以被揭開了，它的真締是內在的赤踝的美却永不絲暴露出来」。（一）想要解

釋陶淵明，將過去一些細碎的形象拼成一個不大朦朧的輪廓，不也就有点像拾起

一些零散的花朵，想要編一項璀璨的彩冠麼？

想到陶淵明，大約不會忘記他那張無絃琴，有了酒，他就坐在東窗下面，撫

弄著寄意，「但識琴中趣，何勞絃上音」。九月九日，偏偏沒有酒，他步出屋外

扶疏的樹木，在菊花叢裡坐了好久，滿手把著菊花。恰巧柴門溜進一个白衣人，

誰送來的酒。他不需問，喝醉，然後回去，並忘記了南山。這樣恬淡的生活流出

的詩，該是怎樣一種情調？

「種豆南山下，草盛豆苗稀。晨興理荒穢，帶月荷鋤歸。道狹草木長，夕露

露我衣。衣露不足惜，但使願無違」。

這清震透明的境界儼如造物妙手偶成，自然是詩人閒談的胸次靜映出來的。

有人說他「能以光風霽月之懷寫水淡閒遠之致」這句話說對了，「美麗的思想

無不具有美麗的形式，相反的，正好因此不能將形式和觀念分开。因為觀念只存

在形式的美質中」。（二）這首詩用字那樣單純自然，沒有雕飾舖排，儼如清泉

淙淙於素石，山上無心出來的雲在天边自在舒卷。那一片謠音不像竹露滴下

清圓的影音，黎明的微風送來的，真如朱諸庵所說，「平淡出於自然」。

陶淵明許多好詩都能夠平淡到自然，像渊水裏迸出的荷花，「一一在風中轉摔

4

他们是怎样来的，寻不出踪迹。因为情感沙着真挚，文字就超出意象、浑融为一片化机。而空灵迴荡。是「逸鹤往风、間鸥忘海」的境界。黄庭坚说过一句微妙的话，「渊明不为诗，自写其胸中之妙耳」。可以作为陶诗「无言」的註脚

水凝静到微波不动时，未免稍嫌寂寞不是。陶渊明的诗确乎平淡，却不是轻声泛流，你常常可以遇见一些素端清影。东坡说他「有奇趣」，真是卓见，陶渊明对於这个代异的知己，怕也不能不首肯罢。他的诗不在字句的新巧，不求意象的惊人，你却只感到神恩清远高妙。「露凝无游氛，天高风景澈，陵岑耸逸峯、遥瞻皆奇绝」。晶明的秋气莫涌出一些山巅，飘逸神奇！他有时能抓住過深的情感。「間庭多落月，慨然知已秋」。给你的神经通一闪黄花，誰能不惊觉？终於是一缕歎息雾在你的心上，化为轻烟似的惆怅。一所以贵我身，岂不在一生」。「采菊东篱下，悠然见南山」。这些透过情感而表现出来的玄机，特别能引人惊异、叻赏。「結庐在人境，而无車馬喧，問君何能尔，心遠地自偏」。王荆公以为自从诗人以来没有这样的句子。她呈現给我们的是道家高妙的灵境，像翺翔在九霄的白鹤，悠然来往，望得到，她和我们如此親密，却不染人間的烟火。

陶淵明五言詩的語言　　　樂希

語言隨著時間的流動潛移嬗變，這種嬗變雖然是文化的一條支派，而各民族的文學家湊手不愜「舵手」的稱號。為了真切表現他們當時自己的情思，有意無意在語言裡注入了新的生命。一隻腳探下河，河水已經不是未下腳以前的了；「日光之下，並無新事」卻永遠沒有一片葉、一朵雲完全相同。白蘭荻的話正遇到了我們這個問題，⋯：「語言像證券一樣，有時是需要玖變的。在一世紀的進程中，有些時候一個國家文學的語言須得更新；因為用前人的看法思想，談來的人說有能的滿意的，也就羨文學累沒有一個集團的人能夠用他們前面一派的語言」。現在讓我們回到陶淵明的詩上來，最早批評他的鍾嶸，我們不該過分枉屈了這位先生，雖然他帶著當時濃重的偏見，卻是見出了陶淵明一面的真象的。「陶潛⋯⋯文體省淨，殆無長語，篤意真古，辭興婉愜⋯⋯世歎其質直，至如「歡言酌春酒」，「日暮天無雲」，風華清靡，豈直為「田家語」耶？」他這段評論淺涸出陶淵明文體知語言的秘密。「田家語」是的，真到現在，我們還覺得陶詩比較平易好親近。那麼，他就真是「民間的語言」了麼？他的四言詩辭彙、章法和句的組織多因襲詩經，當然不是民間的語言；就是他的五言詩，我們只要稍加考察，也就不敢贊同那大膽的假定。還是讓他自己來說明罷⋯

此后有缺页，第086页文前引诗为陶潜《移居》，全诗是：

春秋多佳日，登高赋新诗。

过门更相呼，有酒斟酌之。

农务各自归，闲暇辄相思。

相思则披衣，言笑无厌时。

此理将不胜？无为忽去兹。

衣食当须纪，力耕不吾欺。

则相思。相思则披衣，言笑无厌时。此理将不胜，无为忽去兹。衣食终须纪，力耕不吾欺。」

你不像站在左原土，碧天温柔地垂在四围，听和风歌咏古代醇朴的生活？就让你的灵魂和古人的密语，还用得着一点脂粉麽？

艺术作品终究是渗透作者的匠心和沈思的，让情思自然温流，感染的力量有时就微薄了些。东坡在诗人里特别爱陶渊明，由于气性相去不远，有时他真说出了陶诗的秘密：「观陶彭泽诗，初视若散缓不收，反覆不已，乃识其『奇趣』」。陶诗大部份都当得起这个赞美，可不是没有接收散文的。形影神就有「散缓不收」的感觉。「人为三才中，岂不以我故？与君虽异物，生而相依附。结托既喜回，安得不相语」！音调相温溪散，有点像是枯泉咽在寒石里，不免妨碍诗意的集中。力量就显得微弱些了。

初看似乎散缓，对了，这正是陶渊明的诗，不过如王圻所说的，「绳削到自然处」，不见痕迹罢了。陶诗清淡，然而却是精粹的诗的语言，「质而实绮，癯而腴」。

「秋菊有佳色，裛露掇其英。汎此忘忧物，远我遗世情。一觞虽独进，杯尽壶自倾。日入群动息，归鸟趋林鸣。啸傲东轩下，聊复得此生」。

一片和平的音響，没有鮮艷的顏色，清細的筆寫出菊花幽獨的品格。恬靜的

黃昏，太陽没了，一切的驟動却已沈息，鳥兒叫着向樹林飛去。萬物各得其所！

詩人的精神也感到清明寧靜，歡愉中却糅和了無依的凄凉。

我在這裡想起英國詩，渥茲華斯，當時在「回到自然」的呼聲裡，浪漫派的

詩人用他们的角笛給大地宣樂一片漾的，美的顏色，人類自我意識覺醒后，自

然又給他们新異的世界。就這一點看，和陶淵明當時的情境約畧有些相似。渥茲

華斯和英国当时其他的詩人一样，歌頌自然和鄉村生活，他認為自然是活的，山

、花、草、溪流都具有灵魂。這对於自然宗教的崇拜撫慰他失望於革命眉目的心

，不也有些像陶淵明瘔枝兵乱，隐身在田園裏。陶淵明雖不曾把自返看成活的

在相互的愛中寘化，而他筆下生出的南山新菊，些蘭和青松，都具有灵性與高尚

的品格。

渥兹華斯以為詩不應用矯飾的語言，而必须是热情洋溢中西流出人们真的語

。他自己的詩用字夭然而自鎖，多取鄉村風物与生活為題材，这个主張在他歌謠

序裏表現很鮮明。是有意的白話运动。陶淵明雖然用單纯質樸的語言，却不曾留

下任何学說，——詩在他是生活的一部分，只作為一种娱樂。東方和歐洲这兩位

詩人如果在天上飄流遇着，不知道是否引為同調。

「秋日凄且厲，百卉具已腓。爰以履霜節，登高餞將歸。寒氣冒山澤，游雲倏無依。洲渚四緬邈，風水互乖違。瞻夕欣良讌，離言聿云悲。晨鳥暮來還，懸車斂餘暉。逝止殊萬路，旋駕悵遲遲。目送回舟遠，情隨萬化遺」。

用詩經楚辭的字彙和意境，對偶雖不很嚴密，通首意思卻是駢行的。在任何國家，即使他們的語文比較一致，文學的語言（尤其是詩）和口語終有相當距離。我所舉的這首詩怕和當時的白話是相去太遠了，歸園田居可以代表他平淡自然的風格。我們注意第一首，僅僅二十句，竟有十四句是對偶的。（自然是梁了當時「輕綺」的顏色。）不過文字隨著情感流動，像清淺的河水裏小石子隨著潺湲的綺紋搖漾生色，悠邈，和平，詩靜，誰念想起水裏也許是規則的石子？我們難道能說這是民間語言的組織？「飄飄西來風，悠悠東去雲。山川千里外，言笑難為因」。也是詩特殊的結構。

陶淵明詩的語言特色究竟在那兒？他為什麼用這種語言？只要留心，不難探出一些兒音息。「欲辨武而有正始以來風氣，當看淵明」。已經透露一點微光，卻把握不住在个的輪廓。「有正始以來風气」，太迷茫，也沒有完全說對。我們隨著閃爍的火星往深處追尋。「晉世摹才，銷入輕綺」，張溥左陸，此肩詩僧，采蘚於正始，力柔於建炎，或析文以為妙，或流靡以自妍」。晉朝大部分的詩人巢

了当时民族衰弱的病症。在诗里他们也像是缺少一点膏力，站不起来，命运註定

诗人终得做诗，於是只好儘量敷砌詞華，真思想、真情感在那兒？一點生气也微

弱得可憐了。真是「自從建安来，綺麗不足珍」。由矯飾回到

自然，由浮靡回到清真，到了盡處，轉過頭来，原是自然的趨势，陶淵明的詩就

是這樣一个转变中的结晶。他接受古詩十九首以来漢詩的气氛，建安諸子和阮籍

的情韻，明白生动就是從樂府導引出来。捭脫了当時詩的風气，用素淡的文字抒

写清逸閒遠的心灵：站在桑樹顶上呌的鵀，堂前屋後的榆柳桃李，鋤头稲上肩膊

慢慢走着，带回一片明月，新来的燕子，漂浮於澹海的桑樹，撩乱無端的悲感

，都織進他的詩裏。这个試驗是可爱的成功了。

陶淵明的詩简棗質樸凝鍊。接近活的語言。跳出了当时詩的氣圍，回到正始

以前的真摯醇厚，陶鎔樂府詩的天真自然的鑄成自己新的風格。的雄。陶淵明

給人展用了一个奇異的天地。把人灵魂的眼睛拢兒：風從南边来，新的苗兒搖动

綠色的翅膀，村落浮在远处的微霧裏，空際几縷轻烟，微雨好風交融為一種和諧

的調兒，軽軽的一步一步，绕过些静的小路，摘起几朵秋菊，南山的淺藍融入心

胸。这一切都是新的美，新的啟示！我这样说或许不算过分，他将比較貼着实際

的人常得美丽的自然，給人的心灵橋築一个堆璨的宇宙。

诗人的绿，随他所缅着的情境幻化为适宜的声色。陶渊明写田园居多是用轻

淡笔，不甚加煊染，然而他有你意想不到的「绮丽」。

「日暮天无云，春风扇微和，佳人美良夜，达旦酣且歌，歌竟长叹息，持此

感人多。皎皎云间月，灼灼叶中华。岂无一时好，不久当奈何！」

这是怎样的一种声音？你的念的时候，有点喘不过气不是？像三月的微风透

过红杏林吹来的，含着潮润的芳馥，阳光温煦。这富丽的声音由于有机的韵律，

融为一片和谐的妙乐，每一个字都颤动着，竟然欲欲发光的珍珠。即使完全不懂

浮诗的意思，只要听一偏，也不难想像一个在良夜里对歌达旦的美人。远看诗的

大的成功在他的声音，「日暮天无云，春风扇微和」。黄昏明媚像一朵玫瑰，皎

如和融的春波，金色的鬟鬟颤荡，倾听佳人婷婷于良夜的妙言。「皎皎云间月，灼

灼叶中华」，只是这两句，而使全诗坛加了瑰丽。毕竟不同齐梁的风格，但觉地庄严

，高貌」！

歌声沉歇，又回到明静的天地。「少学琴书，偶爱闲静，开卷有得便欣然忘

食，见树木交荫，时鸟变声，亦复欢然有喜；常言五六月中北窗下卧，遇凉风暂

至，自谓是羲皇上人」。这是陶渊明写给他儿子的信，谈到像水一样的诗情。由

於他冲淡高潔的人格。至性真情便昇華為純潔的光輝。鍾伯敬說「陶詩閒淡」指

出了陶淵明主要的風格这种例子他的書裡隨處都是。歸園田居第二首：

「野外罕人事，窮巷寡輪鞅。白日掩荆扉，虛室絕塵想。時復墟曲中，披草

共来往。相見無雜言，但道桑麻長。我土日已廣。常恐霜霰至，零落同草莽。」

凝神靜憲。心飄戈於井静默都已沈思，虛明的靈境，那裡面盈滿着生趣，如

此悟淡，問遠，超絕塵俗。但覺敬一縷閒远的幽情，猶如古的香雲那逗引。

「叩栈新秋月，臨流別友生。涼風起将夕，夜景湛虛明。昭昭天宇澗，晶晶

川上平。」

所呈现给我们的是水晶似純美的世界。

「虽未量歲功，即事多所欣。耕种有時息。行者無间津，日入相与歸，壺漿

劳近隣。長吟掩柴门，聊為隴畝民。」

我们看见古人的生活，我们幾乎遗忘了的。他们那样绝涮，醇厚，聖潔，與

有素樸的美观。沈 在目前一片幽暗，不也要像诗人様「遥遥望白雲，懷古一

何深！」人的一生包含着不斷的矛盾和变，不斷的否定，絕念，再生。陶淵明

他自己說：「少时壮且厲，撫劍獨行遊。」这个小英雄我们幾乎不能想像就是後

来【忘懷得失的】的五栁先生。他到老還歎息：「日月攦人去，有志不獲騁。念

此懷悲慨，終曉不能靜。」這一面的性格始終潛伏在他的靈魂裡，而且決定他行

為的方向：他不逃入釋家的空寂，而向清者高邈的山水（最好表現老莊意境的形

象世界。）把取一點兒些涼，撫慰自己的創痛，我們不難明白他為什麼歌頌田園

生活，為什麼醉心於醇酒，為什麼憧憬唐虞的盹光，為什麼創造「桃花源」的聖

境。而我們通常總被五柳先生的「實錄」掩蔽了他下意識裡的殘暴和哀慟。顧亭

林這一段話最能揭發陶淵明性情的真締：「栗里之徵士淡然若忘於世，而感憤之

懷有時不能自己而微見其情者，真也。」陶淵明確乎不只是「清遠閑放」，骨子

裡完师着「豪邁」的氣格。朱晦菴説得很好：一章蘇州詩而見自在……陶却是有

力，但詩健而意閒。」

悲涼感懷有時隱徹從他的詩上透露：

「仲春遘時雨，始雷發東隅。眾蟄各潛駭，草木縱橫舒。翩翩新來燕，雙翦

入我廬。先巢故尚在，相將還舊居。自從分別來，門庭日荒蕪。我心固匪石，君

情定何如？」

綿綿惻惻是故國的春戀。

「種桑長江邊，三年望當採。枝條始欲茂，忽值山河改。柯葉自摧折，根株

浮滄海。春蠶既無食，寒衣欲誰待。本不植高原，今日復何悔？」

風浪激蕩的桑樹就是晉室命運的象徵。「忽值山河改，」無可奈何的隱痛不

敢說明，只得在「雜詩」和「擬古」的掩護下，隱隱微微矜持他的幽思。不像諫

剸靳讓要爆發的情感在紙上燃燒：「惜哉劍術疏，奇功遂不成，其人雖已沒，千

載有餘情。」可是，水太深了，反而無聲，歔歔咂沄徃徃更為哀痛感人。

陶淵明在田園生活裏精神得到了清閒，安定，哀愁可還是疏了源，而他常帶

是用諧謔捎遣他們。不深沉的微笑是歐默，是哀愁，也輕鬆，山巖蕭。朱光潛這

段話可以作為很好的說明：「幽默者在悲劇中邃透人生世相，他詼諧出於至性深

情，所以表面滑稽，骨子裏沉痛……幽默者超世而不忘淑世，他對於人生悲憫多

於憤嫉……中國詩人中陶老和杜甫是於悲劇中見詼諧者。」（三）陶淵明的五言

詩多含着「默」的情趣：

「谷風轉淒薄，春醪解饑劬。弱女雖非男，慰情聊勝無。」實在是地

愛酒多有風趣。東坡先生一菲簿酒，勝糯糠，酒洒妻，勝空房。」

的嗣苗。

「叔麥實所耽，安敢慕輕肥。怱如亞九飯，當暑厭寒衣。」

只求能飽，豈敢希望輕肥，卻常帶不容易飽。經歷過艱難的人大約多少會明

白這苦笑是什麼滋味。「子思居衞，三旬九遇食。」角無挨餓的命運比孔老夫子

还差。热天穿着又厚又重的棉裸，该是多麼不舒服。他不像杜工部那样暴燥，丢

闲卷牍，只想在青山结一栋前屋，赤着脚乱踩冰雪。他却只说热天「不高兴」穿

寒的衣服。

「平生不止酒，止酒情无喜，暮止不安寝，晨止不能起，日日欲止之，营卫

止不理。徒知止不乐，不知止利己，始觉止为善，今朝真止矣，从此一止去，将

止扶桑涘。」止酒实在太趣，你难不能笑。

「千秋万岁後，谁知荣与辱，但恨在世时，饮酒不得足。」

「向来相送人，各自还其家，亲戚或馀悲，他人亦已歌。」

他给自己作挽歌，没有悲哀，不像西方诗人梦想死得丽的士，他只是顺任

自然，已经落进死神白色的手臂裡，还那麼自在想像送葬的人。亲戚或者还有点

戚戚，众人恐怕已唱经起歌来，早忘记世界上少了一个人了，什麼都已化为消

失在远室的一缕烟，他却仍恋恋着世界上的酒。他真是有了享乐，或是笑傲

玩世，我们听到逸送一种深沉而又凉的声音回答：「试酌百情远，且觞忘忘天，

天岂去此哉，任真无所先，自我抱兹独，僶俛四十年，形骸已久化，心在復何言

」し（四）（完）

附二　陶渊明诗赏析三篇

写作中的萧望卿及其
关于《陶渊明诗文赏析集》的信

关心世乱，怀念亲友

——说《停云》

停云，思亲友也，樽湛新醪，园列初荣，愿言不从，叹息弥襟。

霭霭停云，濛濛时雨，八表同昏，平路伊阻。

静寄东轩，春醪独抚，良朋悠邈，搔首延伫。

停云霭霭，时雨濛濛，八表同昏，平陆成江。

有酒有酒，闲饮东窗，愿言怀人，舟车靡从。

东园之树，枝条再荣，竞用新好，以招余情。

人亦有言，日月于征，安得促席，说彼平生。

翩翩飞鸟，息我庭柯，敛翮闲止，好声相和。

岂无他人？念子实多，愿言不获，抱恨如何！

陶渊明诗的杰出成就主要在五言诗，四言诗的价值远不如五言诗高，其中最好的当推《停云》和《归鸟》，尤其《停云》，得到历代学者很高的评价。

《停云》作于晋安帝元兴三年（404年），当时陶有四十岁。他辞去桓玄的官职，回到家中隐居，到此时已经三年。东晋在这个时候即将覆亡，连年战乱给老百姓带来深重的灾难，陶渊明的家乡浔阳，屡次发生战争，也是多灾多难的地方。我们要认识陶渊明在这个时候写下的这首《停云》，鲁迅的一段话是很好的指引："我总以为倘要论文，最好是顾及全篇，并且顾及作者的全人，以及他所处的社会状况，这样才较为确凿。要不然，是很容易近乎说梦的。"（《且介亭杂文二集·题未定草七》）

陶渊明可并非淡然忘世，而是实有志于天下、希望自己能够"大济于苍生的人"。他在写《停云》几个月以后所作的《荣木》中说："先师遗训，余岂之坠。四十无闻，斯不足畏。脂我名车，策我名骥，千里虽遥，孰敢不至！"他还想驱车策马，出去发挥自己的才能，施展自己的抱负。

陶渊明在此时以前，曾任州祭酒，后来又当过桓玄的僚佐。对于当时政治黑暗，风云变幻和统治集团的相互倾轧厮杀，他是有亲身的体验和认识的。他在写《停云》的时候，刘裕等发动了讨伐桓玄的战争，而且战火已经燃烧到他的身边，他对时局自然是不能不关心的。龚自珍很了解他创作《停云》时的心情："陶潜诗喜《咏荆轲》，想见《停云》发浩歌。"（《舟中读陶诗》）

《停云》如诗小序所说，是写"思亲友"。但他关心世乱、满腔悲愤之情，在字里行间奔流着，到诗的结尾，就喷薄而出，岂只是"思亲友"而已。因为当时不便直言，渊明感变伤时，只能借思亲友隐晦曲折地表现出来。温汝能说得不错："诗中感变怀人，抚今悼昔，一片热情流露言外，若仅以闲适赏之，失之远矣"。（《陶诗汇评》卷二）

《停云》全诗四章，都用比兴。"霭霭停云，濛濛时雨，八表同昏，平路伊阻。"一开始就写得很出色。停云，云凝聚着不散，不流动，大概指其时天空没有什么大风。霭霭，云盛的样子。"霭霭停云"，是写天空满布着凝聚不散的浓密黑云。"濛濛时雨"，我们可以设想，诗人从东轩望去，天空和原野里正下着迷迷濛濛的春雨。这阴暗的云雨象征当时晋朝大乱的光景。"八表同昏"，诗人感慨整个天地都是这样昏暗：天下大乱，晋室垂危，老百姓遭受苦难。"平路伊阻"，平坦的道路被雨水阻塞，言外之意是，在战乱中，交通阻绝，并为后面写远方的朋友不能前来作伏线。

渊明在开头四句，有感于时局动乱，就眼前的景物稍加描画，着墨不多，而意境却是那么阴沉忧郁，甚为感人。四句诗，十六个字，可以说是字字沉痛。

这种意境自然引起渊明怀念朋友。"静寄东轩，春醪独抚"，写出了他思念朋友的深情。"良朋悠邈"，读者联系全篇和上下文，就会想象到，渊明所深切地怀念的朋友，在遥远的地方，在战乱中，交通阻绝，不能前来。"搔首延伫"，渊明也许在室内走来走去，也许站在窗口，凝望着前面那条朋友可能从那儿走来的小路，等待了很久，心情很烦乱，搔着头，却始终不见那朋友来。

"静寄东轩，春醪独抚，良朋悠邈，搔首延伫"四句，写渊明等待朋友时那种神态和心情，很生动、很真实。他那两鬓斑白、满怀幽愤的形象活现在我们面前。

古典诗词的构思造语很精工，语言很少，而含意深远。读诗词的时候，特别需要用丰富的想象，探索言外的深远的含义，体会其优美的意境。

第二章："停云霭霭，时雨濛濛，八表同昏，平陆成江。"一、二两章头四句都用兴，以复沓的联章形式，每章的字句基本相同，只变换了几个字，反复咏叹，加强其中蕴含的思想和感情，创造优美而能感染读者的意境。这种形式产生回环往复的旋律，加强了诗的感人的艺术效果。王夫之说得好：“用兴处只颠倒上章，而愈切愈苦者，在音响感人，不以文句求也。”（《古诗评选》卷二）要说“音响感人”，可不只这四句，就全诗说，又何尝不如此呢？

上章说“静寄东轩，春醪独抚”，这章说“有酒有酒，闲饮东窗”，一再反复，使得思友的感情更为殷切，上章说，望朋友来而不能来；这章说，想去看望朋友，也不能顺心，前面说“平路伊阻”、“平陆成江”；这里归结到“舟车靡从”，从此可以看出作品构思的严密。

第三章：“东园之树，枝条再荣。”“再”，一作“载”，皆通。东园里的树木凋零，春天来时，还能再欣欣向荣。当前形势险恶，难道就不可能好转么？渊明感时忧世，态度还是比较积极的；园树再荣，可能会给他带来希望，使他的心受到鼓舞。

“竞用新好，以招余情。”渊明笔下的树木是活的，有感情的，竞用新的美好的光景向他召唤，我想，他会怜爱他们的。

这种光景就更使他思念老朋友了。“人亦有言，日月于征。”日月指时光，换句话说也就是人生。人生像远行一样很快就消逝。在战乱中，这样说来，感慨就更深了，因而更急切地想会见朋友，而道路阻隔，只能付诸一片热切的希望："安得促席，说彼平生。"

第四章："翩翩飞鸟，息我庭柯。"只用了几笔，就勾画出鸟儿的动态。更出色的是："敛翮闲止，好声相和。"这两句细致地描画鸟儿停下来以后，收敛翅膀，闲静地停留在树枝上，用热切优美的声音相互唱和。画活了鸟儿的神态和声音，传出了它们的心情，写得真是自然活妙。

鸟儿"好声相和"的动人情景，自然兴起渊明怀念朋友的挚切心情。"岂无他人"，是用来衬托他们的情谊比别的朋友更深。他是多么热切地希望和朋友相见，开怀畅叙呵，而终于"愿言不获"，怀念朋友而无由见面，于是发出了意味深长的感叹："抱恨如何"（怀恨而无可奈何）！渊明在这首诗里，从头到尾都是写怀念朋友，写得很真实感人，到结尾一句，他关怀世乱的悲愤之情才涌现出来。正如黄文焕所说："比兴愤极，高处使人骤读之不觉，并亲友亦属《蒹葭》之虚想。"（《陶诗析义》卷一）

萧统说，陶渊明的诗，"语时事，则指而可想；论怀抱，则旷而且真"（《陶渊明集序》）。在《停云》中，渊明因不便直说，感变伤时之情不能不借"怀亲友"而隐晦曲折地表现出来。知人论世，我们不能不说这篇诗较真实地反映了晋朝当时的战争和乱离的情况。

陈廷焯说："渊明之诗，淡而弥永，朴而实厚，极疏极冷极平极正之中，自有一片热肠，缠绵往复，此陶公所以独有千古，无能为继也。"（《白雨斋词话》卷八）这是对陶渊明五言诗所作的很好的评价，而这种卓绝之处，在《停云》中，也多少能体现出来。

《停云》有小序，用比兴的手法和复沓的章法，摘首句的二字为题，这都是受了《诗经》的影响。诗中用比兴的手法和复沓的章法，技巧很高，有所创新，其艺术效果是颇为感人的。

欣慨交心

——谈《时运》

时运，游暮春也。春服既成，景物斯和，偶影独游，欣慨交心。

迈迈时运，穆穆良朝，袭我春服，薄言东郊。
山涤余霭，宇暧微霄，有风自南，翼彼新苗。

洋洋平泽，乃漱乃濯，邈邈遐景，载欣载瞩。
人亦有言，称心易足，挥兹一觞，陶然自乐。

延目中流，悠想清沂，童冠齐业，闲咏以归，
我爱其静，寤寐交挥，但恨殊世，邈不可追。

斯晨斯夕，言息其庐，花药分列，林竹翳如。
清琴横床，浊酒半壶，黄唐莫逮，慨独在余。

陶渊明批评

在陶渊明的四言诗中，《时运》是比较好的，它和《停云》同作于元兴三年（404）。诗序说明诗的主题："《时运》，游暮春也。春服既成，景物斯和，偶影独游，欣慨交心。"渊明独游时，和自己的影子作伴，心情十分复杂，内心深处交织着一片欢欣和感慨。

《时运》四章，全用赋的表现手法。

"迈迈时运，穆穆良朝，袭我春服，薄言东郊。"这几句叙述四时在运行，已是暮春，渊明乘兴到东郊去游览。以下四句写春郊的景物："山涤余霭，宇暖微霄"，大概是雨后放晴吧，风起来，山上洗去还没有散尽的濛濛云气，天空笼罩着微云，田野里一片清朗的景象。陶渊明长期住在农村，后来还参加耕作，对于田园风物的观察和体验是很细、很深的。"有风自南，翼彼新苗"，暮春三月，和畅的风披拂着田野里正成长着的新苗，这境界很静很美。这和风新苗不仅是活生生的，有感情的，而且诗人的笔赋予它们性格。沈德潜说："'翼'字写出性情。"（《古诗源》卷八）"翼"字是这两句中的诗眼，浑朴生动地传出和风披拂着新苗的神态，体现了它们的性格。"艺术美只是心灵美的反映"（黑格尔），沈德潜所说的性情，也就是渊明的性情的反映。

渊明很喜爱田园风物，田园风物是他的精神上的寄托。他说过："静念园林好，人间良可辞。"（《庚子岁五月中从都还阻风于规林二首》）他的心是和这些风物交融在一起的。"有风自南，翼彼新苗"，"众鸟欣有托，吾亦爱吾庐"（《读山海经》），"平畴交远风，良苗亦怀新"（《癸卯岁始春怀古田舍二首》），都含有神与物游、冥忘物我的妙谛。

真正好的诗所蕴涵的美，要发现它，可并不那么容易。苏东坡说："陶靖节诗云：'平畴交远风，良苗亦怀新'，非古之耦耕者，不能识此语之妙也。"（张表臣《珊瑚钩诗话》引）东坡对"有风自南，翼彼新苗"二句没有评说，但其中的道理彼此相通的。如果我们不能认识这些诗句的美妙，恐怕主要是由于我们观察和体验田园风物还不细不深，对于渊明的人格和诗的艺术还了解不够深透。真正好的诗所蕴含的美，好像是永不枯竭的源泉。一个人、一个时代，要把它发掘净尽，恐怕是不可能的。

第二章："洋洋平泽，乃漱乃濯。"从远望的观点写平湖，只见一片汪洋的湖水冲刷着沙岸。以渊明的才华，囿于四言诗的语言和习套，这四句实在不免有点板滞，毫无新的意境。"人亦有言，称心易足，挥兹一觞，陶然自乐。"也有些平板单调，没有什么新创。符合自己的心愿，就容易满足，则春游也有欣快，于是拿起酒杯来，一饮而尽，"陶然自乐"。说"自乐"，也就透露了孤独之感。

以上两章写春天出游的欣喜。三、四两章就伤今怀古，寄托感慨。

第三章不是写当前的事，而是渊明想起孔子的学生曾点谈自己的志趣，也是很深的感慨。曾点对孔子说："暮春者，春服既成，冠者五六人，童子六七人，浴乎沂，风乎舞雩，咏而归。"孔子听了，表示赞许（见《论语·先进》）。"延目中流，悠想清沂，童冠齐业，闲咏以归。"就是从曾点的谈话展开想象的。渊明远望平湖的中流，忽然悬想起曾点曾经提到的清澈的沂水（在今山东曲阜县南），儿童和成年人都习完了课业，悠闲地歌咏着回去。这里面的静的境界，是渊明日夜向往的，静就是自甘淡泊，而无外慕，别有乐处。"但恨殊世，邈不可追。"渊明对当时的政治深为不满，从"恨"字显然可以看出。

第四章，静境已不可追，渊明感到在家隐居也别有乐趣："斯晨斯夕，言息其庐，花药分列，林竹翳如。清琴横床，浊酒半壶。"张荫嘉说，这六句"暗顶咏归，铺述家居之乐，以为'游'字余波"（《古诗赏析》卷十二）。这个见解是有独到之处的。本章最后以极其沉痛的感慨，结束全篇："黄唐莫逮，慨独在余。"渊明对当时的政治不满，那么，他的政治理想是什么呢？就是黄帝、尧、舜之世。他在《赠羊长史》中说："愚生三季后，慨然念黄虞"（黄帝、虞舜）。而"黄唐莫逮"，可见其感慨独深。

诗小序说："欣慨交心"。渊明的一生，有欣喜，也有感慨，即就游东郊说，也是如此。他观赏暮春的景物，感到欣喜；但他的心里有许多矛盾，也就有许多苦恼，这欣喜是他对人生有所彻悟之后得来的。"人亦有言，称心易足。"符合自己的心愿就容易感到满足，而满足就常会得到欣喜，这句话有利于他对苦恼的解脱。

但渊明在仕途上很不称意，心怀大志，而不得施展，他对这些是始终念念不忘的。连年战争不息，晋室濒于覆亡。他虽然不一定忠于晋室，但是眼看国家动乱，人民遭殃，自己却无力挽救危局，心情自然是很沉痛的；至于他的政治理想，当然更无由实现了。他真是感慨万端："黄唐莫逮，慨独在余。"谭元春说："'慨独在余'是自任自感之言。"（钟惺、谭元春《古诗归》）这是很中肯的，这"独"字写出了渊明很深的苦衷。

《时运》是四言诗，也有小序，取首句的二字做题目，用赋的表现手法，都是受《诗经》的影响。但《停云》、《归鸟》和《时运》等篇，都是晋人的风格，和《诗经》有不同。正像沈德潜所说的："渊明《停云》、《时运》等篇，清腴简远，别成一格。"（《说诗晬语》）就《时运》说，其中的"有风自南，翼彼新苗"等句，和五言诗的"平畴交远风，良苗亦怀新"，它们的风格几无二致。

这首诗寓意深远，发人深思，但全篇在艺术上的成就并不高，远不如《停云》和《归鸟》。四言诗发展到晋代，已经到了尾声，以渊明的天才，也不能有更多的创新和发展，他在五言诗中，才取得了辉煌的成就。

自然真率的诗
——《答庞参军》

　　三复来贶，欲罢不能，自尔邻曲，冬春再交；款然良对，忽成旧游，俗颜云"数面成亲旧"，况情过此者乎？人事好乖，便当语离；杨公所叹，岂惟常悲？吾抱疾多年，不复为文，本即不丰，复老病继之；辄依周礼往复之义，且为别后相思之资。

相知何必旧，倾盖定前言。

有客赏我趣，每每顾林园。

谈谐无俗调，所说圣人篇。

或有数斗酒，闲饮自欢然。

我实幽居士，无复东西缘。

物新人惟旧，弱毫多所宣。

情通万里外，形迹滞江山。

君其爱体素，来会在何年？

陶渊明的朋友，有政治上的人物，有高僧隐士，也有乡邻中的一些农民。在政治上的人物中，官位较高而交情深的是颜延之；也有一些官职较低的朋友，非故交而能相知，有诗相互酬和，如庞参军、丁柴桑、戴主簿、郭主簿、羊长史、张常侍等人。庞参军的事迹不详，并遗其名，只知他是江州刺史王宏的参军。渊明有《答庞参军》二首，一为五言，一为四言，都作于宋废帝景平元年（423），渊明五十九岁时。

这年春天，庞参军奉王宏之命，以浔阳（当时王宏镇浔阳）出使江陵；有诗赠渊明，渊明写了一首五言诗作答。当时宋文帝刘义隆正做宜都王，以荆州刺史镇江陵。这年的冬天，庞参军又奉宜都王的命令，以江陵出使京师建康，路过浔阳；有诗见赠，渊明又作了一首四言诗酬答。本篇是春天作的那首五言诗。

《答庞参军》是酬答庞参军赠诗并为他惜别送行的。陶渊明是伟大的诗人，又是杰出的散文家。原诗有序，日本近藤元粹说："序文简净，自是小品佳境。"（《评订陶渊明集》卷二）序里的思想和感情都经过提炼净化，用朴素简洁的语言表现出来，达到简净的境界，的确是一篇很好的小品。特别是前面几句："三复来贶，欲罢不能。自尔邻曲，冬春再交；欵然良对，忽成旧游，俗颜云'数面成亲旧'，况情过此者乎？人事好乖，便当语离；杨公所叹，岂惟常悲？"追叙他们过的交往，惜别情深，低徊往复，很能感动人。

诗这样开始："相知何必旧，倾盖定前言。"渊明和庞参军并非旧识，因为是邻居，常诚挚亲切地交谈，只不过一年多时间，便俨然成了旧交。其所以这样，就因为彼此相知；这就证实了《史记·邹阳传》中邹阳狱中上书所说的话："谚曰：'有白头如新，倾盖如故'，何则？知与不知也。"

"有客赏我趣，每每顾林园。"这位客人就是庞参军，他赏识渊明的志趣。他们所以能够相识，恐怕主要在于在志趣上是彼此接近的。渊明在那首四言体的《答庞参军》中说了："不有同爱，云胡以亲？我求良友，实觏怀人。欢心孔洽，栋宇惟邻。"

"谈谐无俗调，所说圣人篇。"渊明受儒家的影响是较深的，他和庞参军所谈论的，都是儒家的经典（"圣人书"）。他在诗文里，每每提到自己爱读儒家的经书，例如，"诗书敦宿好"（《辛丑岁七月赴假还江陵夜行涂口》），"游好在六经"（《饮酒》）；他也说起自己要遵循儒家经书的教导："先师遗训，余岂之坠"（《荣木》），"师圣人之遗书"（《感士不遇赋》）。

渊明很穷，不一定有酒；间或有几斗酒，就和庞参军安闲地品尝，自然都很欢愉。

以上这一段是渊明回忆庞参军时常来访，亲切交谈，接杯酒之欢，就成了旧游的情景。下面这一段就写惜别送行。

临时自然要谈谈心。"我实幽居士，无复东西缘。"也许是庞参军劝渊明再出去做官吧，他婉言谢绝了。渊明四十一岁就辞官归田，到此时已经五十九岁，再也没有东西奔走求官的意愿，他就爱这点隐居的乐趣："衡门之下，有琴有书。载弹载咏，爰得我娱。岂无他好，乐是幽居。朝为灌园，夕偃蓬庐。"（《答庞参军》，四言）

诗笔随即转到庞参军离去以后，"物新人惟旧"，物新，万物更新。此比喻刘裕篡位，晋朝改成了宋朝。"人惟旧"，人是旧相识好，渊明和庞参军还是旧游呢！在这两句诗里，他对晋朝似乎怀着眷恋的感情。"弱毫多所宣"，弱毫指笔，宣即表达。这句的意思，是希望庞参军以后多写信来。

"情通万里外，形迹滞江山"，承接上句。在万里以外，感情可以借书信传达，虽然人（"形迹"）被江山阻隔，是不得相见的。这两句借"万里外"和江山的形象，传出了渊明对庞参军思念的深情。

"君其爱体素，来会在何年？"诗就这样结束了。庞参军身在官场，风浪很多，渊明在《答庞参军》那首四言诗里，曾劝他"敬兹良辰，以保尔躬"，同时渊明已经年老，抱病多年，所以"君其爱体素，来会在何年"两句，蕴涵着很深的惜别的感情，也有不少感慨，可不是泛泛地期望以后能够再见。

《答庞参军》是一首很好的诗。粗略读过，也许感到它平易亲切，不难理解，但所能把握住的却往往只是其中词句的表面意义。要反复阅读，仔细探索，才能发现其中深远的涵义和艺术美，才能发觉平易的字句间有一片热烈诚挚的深情，撼动人的心弦。

陈祚明说得好：《答庞参军》（五古）"殊有款款之情，物新人旧，涉笔便不能忘"（《采菽堂古诗选》卷十三）。指出了这首诗的价值。温汝能也说："至其与人款接，赠答之什，自有一种深挚不可忘处。"（《陶诗汇评》卷二）这首诗为什么能这样感人呢？首先在于渊明在诗里注入了他热烈诚挚的深情，注入了他的品质、性格，注入了他的整个心灵；此外，还有赖于诗的技巧。诗写得真率自然，自首至尾，好像是有渊明面对即将离去的老朋友披心畅谈似的。一开头就说："相知何必旧，倾盖定前言。"说得真率而又委婉。接着就畅谈他们结识以来的情谊："有客赏我趣，每每顾林园。谈谐无俗调，所说圣人篇。或有数斗酒，闲饮自欢然。"渊明和老朋友谈起话来，是那么自在，无拘无束；用的语言也是那么平易自然，接近口语。这样写来，多么自然真率啊。这里面也就呈现出渊明的热情、坦率、真挚的性格。他不说旧游常来访，而说"有客赏我趣，每每顾林园。"多么有风趣！这就又透露出渊明性格的另一面——幽默。

渊明这一片热烈诚挚的深情，又那么自然真率地表现出来，情真意切，娓娓而谈，显露出他的性格，使人感到特别亲切，不能不被它所感动而难于忘却。

如果说前面这一段的情调是热烈明快的，那么惜别送行这一段就显得有些忧郁而深沉。在表现方法上，前一段回忆他们过去的交游，真挚自然而有风趣；后一段惜别送行，就比较含蓄，意义更为深远。若论艺术感染力，则后一段比前一段更深化、更热烈一些。

附三　朱自清说诗三篇

诗的语言

一、诗是语言

普通人多以为诗是特别的东西，诗人也是特别的人。于是总觉得诗是难懂的，对它采取干脆不理的态度，这实在是诗的一种损失。其实，诗不过是一种语言，精粹的语言。

（一）诗先是口语　最初诗是口头的，初民的歌谣即是诗，口诗的歌谣，是远在记录的诗之先的，现在的歌谣还是诗。今举对唱的山歌为例："你的山歌没得我的山歌多，我的山歌几箩筐。箩筐底下几个洞，唱的没有漏的多。""你的山歌没得我的山歌多，我的山歌牛毛多。唱了三年三十月，还没唱完牛耳朵。"

两边对唱，此歇彼继，有挑战的意味，第一句多重复，这是诗；不过是较原始的形式。

（二）**诗是语言的精粹**　诗是比较精粹的语言，但并不是诗人的私语，而是一般人都可以了解的。如李白《静夜思》：

床前明月光，疑是地上霜。

举头望明月，低头思故乡。

这四句诗很易懂。而且千年后仍能引起我们的共鸣。因为所写的是"人"的情感，用的是公众的语言，而不是私人的私语，孩子们的话有时很有诗味，如：

院子里的树叶已经巴掌一样大了，爸爸什么时候回来呢？

这也见出诗的语言并非诗人的私语。

二、诗与文的分界

（一）**形式不足尽凭**　从表面看，似乎诗要押韵，有一定形式。但这并不一定是诗的特色。散文中有时有诗。诗中有时也有散文。

　　　　　　　　　　　陶渊明批评

前者如：

> 历览前贤国与家，成由勤俭破由奢。（李商隐）
>
> 向你倨，你也不削一块肉；向你恭，你也不长一块
> 肉。（傅斯年）

后者如：

> 暮春三月，江南草长，杂花生树，群莺乱飞。（丘
> 迟）
>
> 我们最当敬重的是疯子，最当亲爱的是孩子，疯子是
> 我们的老师，孩子是我们的朋友。我们带着孩子，跟着疯
> 子走向光明去。（傅斯年）
>
> 颂美黑暗。讴歌黑暗。只有黑暗能将这一切都消灭调
> 和于虚无混沌之中。没有了人，没有了我，更没有了世
> 界。（冰心）

上面举的例子，前两个，虽是诗，意境却是散文的。后三
个虽是散文，意境却是诗的。又如歌诀，虽具有诗的形式，却
不是诗。如：

平声平道莫低昂，上声高呼猛烈强，去声分明哀远道，入声短促急收藏。

谚语虽押韵，也不是诗。如：

病来一大片，病去一条线。

（二）**题材不足限制**　　题材也不能为诗、文的分界，"五四"时代，曾有一回"丑的字句"的讨论。有人主张"洋楼"、"小火轮"、"革命"、"电报"……不能入诗；世界上的事物，有许多许多——无论是少数人的，或多数人所习闻的事物——是绝对不能入诗的。但他们并没有从正面指出哪些字句是可以入诗的，而且上面所举出的事物未尝不可入诗。如邵瑞彭的词：

电掣灵蛇走，云开怪蜃沉，烛天星汉压潮音，十美灯船，摇荡大珠林。（《咏轮船》）

这能说不是"诗"吗？

（三）**美无定论**　　如果说"美的东西是诗"，这句话本身就有语病；因为不仅是诗要美，文也要美。

大概诗与文并没有一定的界限，因时代而定。某一时代喜欢用诗来表现，某一时代却喜欢用文来表现。如，宋诗之多议论，因为宋代散文发达；这种发议论的诗也是诗。白话诗，最初是抒情的成分多，而抗战以后，则散文的成分多，但都是诗。现在的时候还是散文时代。

三、诗缘情

诗是抒情的。诗与文的相对的分别，多与语言有关。诗的语言更经济，情感更丰富。达到这种目的的方法：

（一）**暗示与理解**　　用暗示，可以从经济的字句，表示或传达出多数的意义来，也就是可以增加情感的强度。如辛稼轩的词：

> 将军百战身名裂，向河梁，回头万里，故人长绝。易水萧萧西风冷，满座衣冠似雪。正壮士悲歌未彻。

这词是辛稼轩和他兄弟分别时作的，其中所引用的两个别离的故事之间没有桥梁；如果不懂得故事的意义，就不能把它们凑合起来，理解整个儿的意思，这里需要读者自己来搭桥梁，来理解它。又如朱熹的《观书有感》：

半亩方塘一鉴开，天光云影共徘徊。

问渠那得清如许，为有源头活水来。

也完全是用暗示的方法，表示读书才能明理。

（二）比喻与组织　从上段可以看出，用比喻是最经济的办法，一个比喻可以表达好几层意思。但读诗时，往往会觉得比喻难懂。比喻又可分：

1. 人事的比喻：比较容易懂。

2. 历史的比喻：（典故）比较难懂。

新诗中用比喻的例子，卞之琳《音尘》：

绿衣人熟稔的按门铃，

就按在住户的心上；

是游过黄海来的鱼？

是飞过西伯利亚来的雁？

"翻开地图看"这人说。

他指示我他所在的地方，

是那条虚线旁那个小黑点。

如果那是金黄的一点，

如果我的坐椅是泰山顶，

在月夜，我要猜你那儿，

准是一个孤独的火车站。

然而我正对着一本历史书，

西望夕阳里的咸阳古道，

我等到了一匹快马的蹄音。

在这首诗里，作者将那个小黑点形象化，具体化，用了"鱼"和"雁"的典故。又用了"泰山"和"火车站"作比喻，而"夕阳""古道"，来自李白《忆秦娥》："乐游原上清秋节，咸阳古道音尘绝，音尘绝，西风残照，汉家陵阙"，也是一种比喻，用古人的伤别的情感啸自己的情感。

诗中的比喻有许多是诗人自己创造出来的，他们从经验中找出一些新鲜而别致的东西来作比喻的。如：

陈散原先生的"乡县酱油应染梦"，"酱油"亦可创造比喻。可见只要有才，新警的比喻是俯拾即是的。

四、组织

（一）韵律　　诗要讲究音节，旧诗词中更有人主张某种韵表示某种情感者，如周济《宋四家词选·叙论》：

> 阳声字多则沉顿，阴声字多则激昂，重阳间一阴，则柔而不靡，重阴间一阳，则高而不危。

> 东、真韵宽平，支、先韵细腻，鱼、歌韵缠绵，萧、尤韵感慨，各具声响。

（二）句式的复沓与倒置　　因为诗是发抒情感的，而情感多是重复迂回的，如古诗十九首：

> 行行重行行，与君生别离。
> 相去万余里，各在天一涯。
> 道路阻且长，会面安可知……

这几句都表示同一意思——相隔之远，可算一种复沓。句式的复沓又可分字重与意重。前者较简单，后者较复杂。歌谣与故事亦常用复沓，因为复沓可以加强情调，且易于记诵。如李商隐诗：

> 君问归期未有期，巴山夜雨涨秋池。
>
> 何当共剪西窗烛，却话巴山夜雨时。

这也是复沓，但比较的曲折了。

新诗如杜运燮《滇缅公路》：

> ……路永远使我们兴奋，
>
> 都未歌唱呵，
>
> 这是重要的日子，
>
> 幸福就在手头。
>
> 看它，
>
> 风一样有力，
>
> 航行绿色的田野，
>
> 蛇一样轻灵，
>
> 从茂密的草木间盘上高山的背脊，
>
> 飘在云流中，
>
> 而又鹰一般敏捷，

画几个优美的圆弧，

降落下箕形的溪谷，

倾听村落里安息前欢愉的匆促，

轻烟的朦胧中。

溢着亲密的呼唤，

人性的温暖。

有时更懒散，

沿着水流缓缓走向城市，

而就在粗糙的寒夜里，

荒冷向空洞，

也一样负着全民族的食粮，

载重车的黄眼满山搜索，

搜索着跑向人民的渴望；

沉重的橡皮轮不绝的滚动着，人民兴奋的脉搏，

每一块石子一样，

觉得为胜利尽忠而骄傲：

微笑了，在满足向微笑着的星月下面，微笑了，

在豪华的凯旋日子的好梦里……

一方面用比喻使许多事物形象化，具体化；一方面写全民族的

情感，仍不离诗的复沓的原则，复沓的写民族抗战的胜利。

句式之倒置：在引起注意。如：

竹喧归浣女。

（三）分行　分行则句子的结构可以紧凑一点，可以集中读者的边际注意。

诗的用字须经济。如王维的：

大漠孤烟直，长河落日圆。

十字，是一幅好画，但比画表现得多，因为这两句诗中的"直""圆"是动的过程，画是无法表现的。

五、传达与了解

（一）传达是不完全的　诗虽不如一般人所说的难懂，但表达时，不是完全的。如比喻，或用典时往往不能将意思或情感全传达出来。

（二）了解也是不完全的　因为读者读诗时的心情，和周遭的情景，对读者对诗的了解都有影响。往往因心情或情景的不同，了解也不同。

诗究竟是不是如一般人所说的带有神秘性，有无限可能的解释呢？这是很不容易回答的。但有一点可以说：我们不能离开字句及全诗的连贯去解释诗。

（在昆明西南联合大学师范学院讲，姚殿芳、叶兢耕记录，《国文月刊》，一九四一年）

诗多义举例

了解诗不是件容易事，俞平伯先生在《诗的神秘》①一文中说得很透彻的。他所举的"声音训诂""大义微言""名物典章"，果然都是难关；我们现在还想加上一项，就是"平仄黏应"，这在近体诗很重要而懂得的人似乎越来越少了。不过这些难关，全由于我们知识不足；大家努力的结果，知识在渐渐增多，难关也可渐渐减少——不过有些是永远不能渡过的，我们也知道。所谓努力，只是多读书，多思想。

就一首首的诗说，我们得多吟诵，细分析；有人想，一分析，诗便没有了，其实不然。单说一首诗"好"，是不够的，人家要问怎么个好法，便非先做分析的工夫不成。譬如《关雎》诗罢，你可以引《毛传》，说以雎鸠的"挚而有

---

① 《杂拌儿之二》。

别"来比后妃之德，道理好。毛公原只是"章句之学"，并不想到好不好上去，可是他的方法是分析的，不管他的分析的结果切合原诗与否。又如金圣叹评杜甫《阁夜》诗①，说前四句写"夜"，后四句写"阁"，"悲在夜"，"愤在阁"，不管说的怎么破碎，他的方法也是分析的。从毛公《诗传》出来的诗论，可称为比兴派；金圣叹式的诗论，起源于南宋时，可称为评点派。现在看，这两派似乎都将诗分析得没有了，然而一向他们很有势力，很能起信，比兴派尤然；就因为说得出个所以然，就因为分析的方法少不了。

语言作用有思想的、感情的两方面：如说"他病了"，直叙事实，别无涵义，照字面解就够，所谓"声音训诂"，属于前者。但如说"他病得九死一生"，"九死一生"便不能照字直解，只是"病得很重"的意思，却带着强力的情感，所谓"大义微言"，属于后者②。诗这一种特殊的语言，感情的作用多过思想的作用。单说思想的作用（或称文义）吧，诗体简短，拐弯儿说话，破句子，有的是，也就够捉摸的；加上情感的作用，比喻、典故，变幻不穷，更是绕手。

---

① 《唱经堂杜诗解》。
② 参看李安宅编《意义学》中论"意义之意义"一节。

陶渊明批评

还只有凭自己知识力量，从分析下手。可不要死心眼儿，想着每字每句每篇只有一个正解；固然有许多诗是如此，但是有些却并不如此。不但诗，平常说话里双关的也尽有。我想起个有趣的例子。前年燕京大学抗日会在北平开过一爿金利书庄，是顾颉刚先生起的字号。他告诉我"金利"有四个意思：第一，不用说是财旺；第二，金属西，中国在日本西，是说中国利；第三，用《易经》"二人同心，其利断金"的话；第四，用《左传》"磨厉以须"的话，都指对付日本说。又譬如我本名"自华"，家里给我起个号叫"实秋"，一面是"春华秋实"的意思，一面也因算命的说我五行缺火，所以取个半边"火"的"秋"字。这都是多义。

回到诗，且先举个小例子。宋黄彻《䂬溪诗话》里论"作诗有用事（典故）出处，有造语（句法）出处"，如杜甫《秋兴》诗之三"五陵衣马自轻肥"，虽出《论语》，总合其语，乃范云①"裘马悉轻肥"。《论语·雍也》篇"乘肥马，衣轻裘"，指公西赤的"富"面言；范云句见于《赠张徐州谡》诗，却指的张徐州的贵盛，与原义小异。杜甫似乎不但受他句法影响；他这首诗上句云，"同学

---

① 原作"潘岳"，误。

少年多不贱"，原来他用"衣马轻肥"也是形容贵盛的。改"裘""马"为"衣""马"，却是他有意求变化。至于这两句诗的用意，看来是以同学少年的得意反衬出自己的迂拙来。仇兆鳌《杜诗详注》说，"曰'自轻肥'，见非己所关心"[①]。多义中有时原可分主从，仇兆鳌这一解照上下文看，该算是从意。至于前例，主意自然是"财旺"，因为谁见了那个字号，第一想到的总该是"财旺"。

多义也并非有义必收：搜寻不妨广，取舍却须严；不然，就容易犯我们历来解诗诸家"断章取义"的毛病。断章取义是不顾上下文，不顾全篇，只就一章、一句甚至一字推想开去，往往支离破碎，不可究诘。我们广求多义，却全以"切合"为准；必须亲切，必须贯通上下文或全篇的才算数。从前笺注家引书以初见为主，但也有一个典故引几种出处以资广证的。不过他们只举其事，不述其义；而所举既多简略，又未必切合。所以用处不大。去年暑假，读英国Empson的《多义七式》（*Seven Types of Ambiguity*），觉着他的分析法很好。可以试用于中国旧诗。现在先选四首脍炙人口的诗作例子；至于分

---

① 钱谦益《笺注》："旋观'同学少年'、'五陵衣马'，亦'渔人'、'燕子'（均见原诗）之俦侣耳，故以'自轻肥'薄之。"

　　　　　　　　　　陶渊明批评

别程式，还得等待高明的人。

一、古诗一首

> 行行重行行，与君生别离。
>
> 相去万余里，各在天一涯。
>
> 道路阻且长，会面安可知。
>
> 胡马依北风，越鸟巢南枝。
>
> 相去日已远，衣带日已缓。
>
> 浮云蔽白日，游子不顾反。
>
> 思君令人老，岁月忽已晚。
>
> 弃捐勿复道，努力加餐饭。

胡马依北风，越鸟巢南枝。

一、《文选》李善注引《韩诗外传》曰："诗曰'代马依北风，飞鸟栖故巢'，皆不忘本之谓也。"

二、徐中舒《古诗十九首考》[①]："《盐铁论·未通》篇：'故代马依北风，飞鸟翔故巢，莫不哀其生。'"

---

① 《国立中山大学语言历史研究所周刊》六十五期。

三、又："《吴越春秋》：'胡马依北风而立，越燕望海日而熙，同类相亲之意也。'"

四、张庚《古诗十九首解》："一以紧承上'各在天一涯'，言北者自北，南者自南，永无相见之期。"

五、又："以依北者北，巢南者南，凡物各有所托。遥伏下思君云云，见己之身心，惟君子是托也。"

六、又："三以依北者不思南，巢南者不思北，凡物皆恋故土，见游子当返，以起下'相去日已远'云云。"

照近年来的讨论，《古诗十九首》作于汉末之说比较可信些，那么便在《吴越春秋》之后了。前三义都可采取。比喻的好处就在弹性大；像这种典故，因经过多人引用，每人略加变化，更是涵义多。一但这个典故的涵义，当时已然饱和，所以后人用时得大大改样子：像陶渊明《归园田居》里的"羁鸟恋旧林，池鱼思故渊"，以"返自然"的意思为主，面目就不同。陶以后大概很少人用这种句法了。——本诗中用这个典故，也有点新变化，便是属对工整。（六）的"恋故土"，原也是"不忘本"的一种表现。但下文所说，确定本诗是居者之辞，这一层以后还须讨论。（四）、（五）以胡马越鸟表分居南北之意。但（一）、（二）、（三）看，这两件事原以比喻一个理；所以要用两件事，为的是分量重些，骈语的气势也好些，诸子中便常有这种句法。（四）、（五）两说，违背古来语例，不足取。

相去日已远，衣带日已缓。

一、《古乐府歌诗》①："……胡地多飚风，树木何修修。离家日趋远，衣带日趋缓。心思不能言，肠中车轮转。"

二、张《解》："'相去日已远'以下言久也。……'远'字若作'远近'之'远'，与上文'相去万余里'复矣。惟相去久，故思亦久，以致衣带缓。带缓伏下'加餐'。"

《古乐府歌诗》不知在本诗前后；若在前，"离家"二句也许是"相去"二句所从出。那么从"胡地"句一直看下去，本诗是行者之辞了。但因下文"思君令人老"二句，又觉得不必然，详后。"相去"句若从"离家"句来，"远"字自然该指"远近"；可是张解也颇切合，"远"字也许是双关，与下文"岁月忽已晚"句呼应。不过主意还该是"远近"罢了。至于与"相去万余里"重复，却毫不足为病。复沓原是古诗技巧之一；而此处更端另起，在文义和句法上复沓一下，也可以与上文扣得紧些。"带缓伏下'加餐'"，容后再论。

――――――――

① 《太平御览》卷二十五。

浮云蔽白日，游子不顾反。

一、《文选》李善注："浮云之蔽白日，以喻邪佞之毁忠良，故游子之行，不顾反也。《古杨柳行》曰：'谗邪害公正，浮云蔽白日。'义与此同也。"

二、刘履《选诗补注》："游子所以不复顾念还返者，第以阴邪之臣上蔽于君，使贤路不通，犹浮云之蔽白日也。"

三、朱筼河《古诗十九首说》（徐昆笔述）："浮云二句，忠厚之极。'不顾返'者，本是游子薄悻，不肯直言，却托诸浮云蔽日。言我思子而不思归，定有谗人间之，不然，胡不返耶？"

四、张《解》："此臣不得于君而寓言于远别寓也。……白日比游子，浮云比谗间之人。……见游子之心本如白日，其不思返者，为谗人间之耳。"

四说都以"浮云蔽日"为比喻，所据的是《古杨柳行》，今已佚。而（一）、（二）以本诗为行者（逐臣）之辞，（三）、（四）却以为居者（弃妻）之辞。浮云蔽日是比而不是赋，大约可以相信。与古诗时代相去不久的阮籍《咏怀》诗中有云："单帷蔽皎日，高榭隔微声，谗邪使交疏，浮云令昼暝。"徐中舒先生《古诗考》里说也是用的《古杨柳行》的意思，可见《古杨柳行》不是一首生僻的乐府，本诗引用其语，是可能的。固然，我们还没有确证，说这首乐府的时代比本诗早；不过就句意说，乐府显而本诗晦。自然以晦出于显为合理些。解为逐臣之辞，在本诗也可贯通；但古诗别首似乎就没有用"比兴"的，因此此解还不一定切合。——《涉江采芙蓉》一首全用《楚辞》①，也许有点逐臣的意思，但那是有意檃括，又当别论。解为弃妻之辞，因"思君令人老"一句的关系，可得《冉冉孤生竹》一首作旁证，又"游子"句与《青青河畔草》的"荡子行不归"相仿佛，也可参考，似乎理长些。那么，"浮云蔽日"所比喻的，也将因全诗解法不同而异。

思君令人老，岁月忽已晚。

一、《古诗》之八《冉冉孤生竹》有云："思君令人老，轩车来何迟。……君亮执高节，贱妾亦何为。"张《解》："身固未尝老，思君致然，即《诗》所谓'维忧用老'也。"

二、朱《说》："'思君令人老'，又不止于衣带缓矣。

---

① 此俞平伯先生说。

'岁月忽已晚'，老期将至，可堪多少别离耶！"

三、张《解》："思君二句承衣带缓来；己之憔悴，有似于老，而实非衰残，只因思君使然。然屈指从前岁月，亦不可不云晚矣。"

《冉冉孤生竹》明是弃妇之辞，其中"思君令人老"一句，可以与本诗参证。"维忧用老"是《小雅·小弁》诗语。《小弁》诗的意思还不能确说，朱熹以为是周幽王太子宜臼被逐而作；那么与本诗"逐臣"一解，便有关联之处。但《冉冉孤生竹》里"思君"一句，虽用此语（直接或间接），却只是断章取义；本诗用它或许也是这样。想以此证本诗为逐臣之辞，是不够的。"岁月晚"，（二）、（三）都解为久，与上文"相去日已远""思君令人老"呼应，原也切合；但主意怕还近于《东城高且长》中"岁暮一何速"一句。杜甫《送远》诗有"草木岁月晚"语，仇兆鳌注正引本诗，可供旁参。

弃捐勿复道，努力加餐饭。

一、朱《说》："日月易迈，而甘心别离，是君之弃捐我也。'勿复道'是决词，是狠语……下却转一语曰：'努力加餐饭'，恩爱之至，有加无已，真得《三百篇》遗意。"

二、张《解》："弃捐二句……言相思无益，徒令人老，曷若弃捐勿道，且'努力加餐'庶几留得颜色，以冀他日会面也。"

俞平伯先生以陆士衡拟作中"去去遗情累"，及他诗中类似的句子证明弃捐句当从张解。这是主动、被动的分别，是个文法习惯问题。至于"努力加餐饭"，张以为就是那衣带缓的弃妇（张以为比喻逐臣），却不是的。蔡邕（？）《饮马长城窟行》末云："长跪读素书，书中竟何如？上有'加餐食'，下有'长相忆'。"可见"加餐食"是勉人的话，——直到现在，我们写信偶然还用。《史记·外戚世家》："〔卫〕子夫上车，平阳主拊其背曰：'行矣，强饭，勉之；即贵毋相忘。'""强饭"与"加餐食"同意。——解作自叙，是不切合的。

二、陶渊明《饮酒》一首

结庐在人境，而无车马喧。

问君何能尔？心远地自偏。

采菊东篱下，悠然见南山。

山气日夕佳，飞鸟相与还。

此中有真意，欲辩已忘言。

结庐在人境，而无车马喧。

问君何能尔？心远地自偏。

王康琚《反招隐》诗云："小隐隐陵薮，大隐隐朝市；伯夷窜首阳，老聃伏柱史。"渊明之隐，在此二者之外另成一新境界。但《庄子·让王》："中山公子牟谓瞻子曰：'身在江海之上，心居乎魏阙之下，奈何！'"渊明或许反用其意，也未可知。后来谢灵运《斋中读书》诗云："昔余游京华，未尝废丘壑。矧乃归山川，心迹双寂寞。"迹寄京华，心存丘壑，反用《庄子》语意，可为旁证。但陶咏的是境因心远而不喧，与谢的迹喧心寂还相差一间。

采菊东篱下。

吴淇《选诗定论》说："采菊二句，俱偶尔之兴味。东篱有菊，偶尔采之，非必供下文佐饮之需。"这大概是古今之通解。渊明为什么爱菊呢？让他自己说："芳菊开林耀，青松冠岩列；怀此贞秀姿，卓为霜下杰。"（《和郭主簿》之二）我们看钟会的《菊赋》："故夫菊有五美焉：……冒霜吐颖，象劲直也。……"可见渊明是有所本的。但钟会还有"流中轻体，神仙食也"一句，菊花是可以吃的。渊明自己便吃，《饮酒》之七云："秋菊有佳色，裛露掇其英；泛此忘忧物，远我遗世情。"可见是一面赏玩，一面也便放在酒里喝下去。这也有来历，"泛流英于清醴，似浮萍之随波。"见于潘尼《秋菊赋》。喝菊花酒也许还有一定的日子。渊明《九日闲居》诗序："秋菊盈园而持醪靡由，空服九华。"诗里也说："酒能祛百虑，菊解制颓龄……尘爵耻虚罍，寒花徒自荣。"似乎只吃花而没喝酒，很是一桩缺憾。这个风俗也早有了。魏文帝《九日与钟繇书》里说："至于芳菊，纷然独荣。非夫含乾坤之纯和，体芬芳之淑气，孰能如此。故屈平悲冉冉之将老，思'餐秋菊之落英'。辅体延年，莫斯之贵。谨奉一束，以助彭祖之术。"再早的崔寔《四民月令·九月》也记着"九日可采菊花"的话。照这些情形看，本诗的"采菊"，也许就在九日，也许是"供佐饮之需"；这种看法，在今人眼里虽然有些杀风景，但是很可能的。九日喝菊花酒，在古人或许也是件雅事呢。

此中有真意，欲辩已忘言。

一、《文选》李善《注》："《楚辞》曰：'狐死必首丘，夫人孰能反其真情？'王逸《注》曰：'真，本心也。'"

二、又："《庄子》曰：'言者，所以在意也，得意而忘言。'"

三、古直《陶靖节诗笺》："《庄子·齐物论》：'辩也者，有不辩也。''大辩不言。'"

渊明《始作镇军参军经曲阿作》云："目倦川涂异，心念山泽居。望云惭高鸟，临水愧游鱼。真想初在襟，谁谓形迹拘。聊且凭化迁，终返班生庐。""真意"就是"真想"；而"真"固是"本心"，也是"自然"。《庄子·渔父》："礼者，世俗之所为也。真者，所以受于天也，自然不可易也。故圣人法天贵真，不拘于俗。愚者反此，不能法天而恤于人，不知贵真，禄禄而受变于俗，故不足。"渊明所谓"真"，当不外乎此。

三、杜甫《秋兴》一首

昆明池水汉时功，武帝旌旗在眼中。
织女机丝虚夜月，石鲸鳞甲动秋风。
波漂菰米沉云黑，露冷莲房坠粉红。
关塞极天惟鸟道，江湖满地一渔翁。

《秋兴》：

一、钱谦益《笺注》："殷仲文〔《南州桓公九并作》〕诗云：'独有清秋日，能使高兴尽。'"

二、又："潘岳《秋兴赋》序云："于时秋也，遂以名篇。'"

三、仇兆鳌《注》："黄鹤、单复俱编在〔代宗〕大历元年……〔时〕在夔州。"

（一）、（二）都只说明诗题的来历，杜所取的当只是"利兴"的文义而已。

昆明池水汉时功，武帝旌旗在眼中。

一、钱《笺》："《西京杂记》：'昆明池中有戈船、楼船各数百艘。楼船上建楼橹，戈船上建戈矛，四角悉垂幡旄，旍葆麾盖，照灼涯涘。余少时犹忆见之。'"

二、钱《笺》："旧笺谓借汉武以喻玄宗，指〔《兵车行》〕'武皇开边'为证。玄宗虽兴兵南诏，未尝如武帝穿昆明以习战，安得有'旌旗在眼'之语？……今谓'昆明'一章紧承上章'秦中自古帝王州'一句而申言之。""汉朝形胜莫壮于昆明，故追隆古则特举'昆明'，曰'汉时'，曰'武帝'，正克指'自古帝王'也。此章盖感叹遗迹，企想其妍丽，而自伤远不得见。"

三、仇《注》："此云'旌旗在眼'，是借汉言唐。若远谈汉事，岂可云'在眼中'乎？公《寄岳州贾司马》诗：'无复云台仗，虚修水战船。'则知明皇曾置船于此矣。"

玄宗既无修水战船之事，《寄岳州贾司马》诗"虚修"一语，只是"未修"之意。仇以此注本诗，却又以本诗注《寄贾司马》诗，明是丐词。《兵车行》"武皇开边"一语，上下文都咏时事，确是借喻，与本诗不同。钱义自长，但说本诗紧承上章，却未免太看重连章体了。中国诗连章体，除近人所作外，就没有真正意脉贯通的；解者往往以己意穿凿，与"断章取义"同为论诗之病。其实若只用"秦中"句做本诗注脚，倒是颇切合的。又仇论"在眼中"一语，也太死，不合实际情形。

织女机丝虚夜月，石鲸鳞甲动秋风。

一、钱《笺》："《汉宫阙疏》：'昆明池有二石人牵牛织女象。'《西京杂记》：'昆明池刻玉石为鱼。每至雷雨，鱼常鸣吼，鳍尾皆动。'"

二、杨慎《升庵诗话》："隋任希古《昆明池应制诗》

曰：'回眺牵牛渚，激赏镂鲸川。'便见太平宴乐气象。今一变云：'织女……秋风'，读之则荒烟野草之悲见于言外矣。"

三、钱《笺》："〔杨〕亦强作解事耳。叙昆明之胜者，莫如孟坚（《西都赋》）、平子（《西京赋》）。一则曰：'集乎豫章之馆，临乎昆明之池，左牵牛而右织女，若云汉之无涯。'一则曰：'豫章珍馆，揭焉中峙，牵牛立其左，织女处其右，日月于是乎出入，象扶桑与濛汜。'此用修（慎）所夸盛世之文也。余谓班、张以汉人叙汉事，铺陈名胜，故有云汉日月之言，公以唐人叙汉事，摩挲陈迹，故有机丝夜月之词，此立言之体也。何谓彼颂繁华而此伤丧乱乎？"

四、仇《注》："织女二句记池景之壮丽。"

"丧乱"指长安经安史之乱而言。钱说引了班、张赋语，杜的"摩挲陈迹"，才确实觉得有意义。但"夜月"、"秋风"等固然是实写秋意，确也令人有"荒烟野草之悲"。专取钱说，不顾杜甫作诗之时，未免有所失；不如以秋意为主，而以钱、杨二义从之。至于仇说的"壮丽"，却毫无本句及上下文的根据。

波漂菰米沉云黑，露冷莲房坠粉红。

一、钱《笺》："《西京赋》：'昆明灵沼，黑水玄阯。'〔李〕善曰：'水色黑，故曰玄阯也。'"

二、仇《注》："鲍照〔《苦雨》〕诗：'沉云日夕昏。'"

三、仇《注》："王褒〔《送刘中书葬》〕诗：'塞近边云黑。'"

四、钱《笺》："赵〔次公〕《注》曰：'言菰米之多，黯黯如云之黑也。'"

五、钱《笺》："昌黎《曲江荷花行》云：'问言何处芙蓉多，撑舟昆明渡云锦。'注云：'昆明池周回四十里，芙蓉之盛，如云锦也。'"

六、《升庵诗话》："《西京杂记》云：'太液池中有雕菰，紫箨绿节，凫雏雁子，唼喋其间。'《三辅黄图》云：'宫入泛舟采莲，为巴人棹歌'，便见人物游嬉，宫沼富贵。今一变云，'波漂……粉红'，读之则菰米不收而任其沉，莲房不采而任其坠，兵戈乱离之状具见矣。"

七、钱《笺》："菰米莲房，补班、张铺叙所未见。'沉云'、'坠粉'，描画索秋景物，居然金碧粉本。昆池水黑……菰米沉沉，象池水之玄黑，极言其繁殖也。用修言……不已倍乎！"

八、仇《注》："菰米莲房，逢秋零落，故以兴己之漂流衰谢耳。"

钱解上句，合李、赵为一，正是所谓多义，但赵义自是主；鲍、王诗也当参味。杨引《西京杂记》、《三辅黄图》语，全与昆明无涉，所说"一变"，自不足信。但"漂"、"沉"、"黑"、"露冷"、"坠粉红"等状，虽不见"兵戈乱离"，却也够荒凉寂寞的。这自然也是以写秋意为主，但与《哀江头》里的"细柳新蒲为谁绿"，有仿佛的味道。仇说"菰米莲房，蓬秋零落"，诗中只说莲房零落，菰米却盛。他又说杜"以兴己之漂流衰谢"，照上下文看，诗还只说到长安，隔着夔州还"关塞极天"，如何能"兴"到他自己身上去！

关塞极天惟鸟道，江湖满地一渔翁。

一、《史记·货殖列传》："范蠡……乃乘扁舟，浮于江湖。"

二、陶渊明《与殷晋安别》诗："江湖多贱贫。"

三、仇《注》："陈泽州注：'江'即'江间破浪'（见《秋兴》第一首），带言'湖'者，地势接近，将赶荆南也。"

四、浦起龙《读杜心解》："'江湖满地'，犹言漂流处处也。"

五、仇《注》："傅玄〔《墙上难为趋行》〕诗："渭滨渔钓翁，乃为周所咨'。"

六、钱《笺》："二句正写所思之况：'关塞极天'，岂非风烟万里（见原第六首），'满地一渔翁'，即信宿泛泛之渔人（见原第三首）耳，上下俯仰，亦'在眼中'。谓公自指'一渔翁'则陋。"

七、仇《注》："陈泽州注：公诗'天入沧浪一钓舟'，'独把钓竿终远去'，皆以渔翁自比。"

八、仇《注》："身阻鸟道而迹比渔翁，以见还京无期，不复睹王居之盛也。"

九、杨伦《杜诗镜铨》："'极天'、'满地'，乃俯仰兴怀之意。"

陈解"江湖"太破碎，当兼用陶诗《史记》义；但他证明"渔翁"乃甫自指，却切实可信。钱说"渔翁"就是原第三首的"渔人"，空泛无据。傅玄诗意，或者带一点儿。钱、仇读下句，似乎都在"湖"字一顿，与上句上四下三不同；但这一联还在对偶，照浦《解》"满地"属上读更自然。"满地"即满处走之意，属上属下原都成，也是个文法问题；但

陶渊明批评

属上读，声调整齐些，属下读，声调有变化些。杨伦语也不切，但"俯仰兴怀"关合天地却好。至于仇说"不复睹王居之盛"，和钱说"感叹遗迹，企想其妍丽，而自伤远不得见"，倒是大致相同；不过照上面所讨论，我想说，"不复睹王居"，"感叹遗迹，而自伤远不得见"，怕要切合些；而这两层也得合在一起说才好。

四、黄鲁直《登快阁》一首

痴儿了却公家事，快阁东西倚晚晴。
落木千山天远大，澄江一道月分明。
朱弦已为佳人绝，青眼聊因美酒横。
万里归船弄长笛，此心吾与白鸥盟。

快阁

一、史容《山谷外集注》："快阁在太和。"

二、高步瀛《唐宋诗举要》："清《一统志》：'江西吉安府：快阁在太和县治东澄江之上，以江山广远，景物清华，故名。'"

三、《年谱》列此诗于神宗元丰六年（西元一〇八三）

下，时鲁直知吉州太和县。

痴儿了却公家事，快阁东西倚晚晴。

《晋书·傅咸传》："〔杨〕骏弟济素与咸善，与咸书曰：'江海之流混混，故能成其深广也。天下大器，非可稍了，而相观每事欲了。生子痴，了官事，官事未易了也；了事正作痴，复为快耳。'"这是劝咸"官事"不必察察为明，麻糊点办得了，装点儿傻自己也痛快的。这两句单从文义上看，只是说麻麻糊糊办完了公事，上快阁看晚晴去。但鲁直用"生子痴，了官事"一典，却有四个意思：一是自嘲，自己本不能了公事；二是自许，也想大量些，学那江海之流，成其深广，不愿沾滞在了公事上；三是自放，不愿了公事，想回家与"白鸥"同处；四是自快，了公事而登快阁，更觉出"阁"之为"快"了。

落木千山天远大，澄江一道月分明。

一、杜甫《登高》诗："无边落木萧萧下。"

二、李白《金陵城西楼月下吟》："金陵夜寂凉风发，独上高楼望吴越。……月下沉吟久不归，古今相接眼中稀。解道'澄江净如练'，令人长忆谢玄晖。"

三、周季凤《山谷先生别传》："木落江澄，本根独在，有颜子克复之功。"

"澄江"变为江名，怕是后来的事。不引谢朓而引李白，一则因李咏月下景，与下句合，二则"古今"句咏知音难得，就是下文"朱弦"一联之主意，鲁直大概也是"独上"，与李不无同感。知道李白这首诗，本联与下一联之间才有脉络可寻，不然，前后两截，就觉着松懈些。周说是从这两句也可以见出鲁直胸襟远大，分明有仁者气象，诗有时确是可以观人的；不过一定说"有颜子克复之功"，便不免理学套语。

朱弦已为佳人绝，青眼聊因美酒横。

一、《礼记·乐记》："清庙之瑟，朱弦而疏越（瑟底孔），一唱而三叹，有遗音者矣。"

二、《吕氏春秋·本味》篇："伯牙鼓琴，钟子期听之。方鼓琴而志在太山，钟子期曰：'善哉乎鼓琴，巍巍乎若太山。'少选之间而志在流水，钟子期又曰：'善哉乎鼓琴，汤汤乎若遭水。'钟子期死，伯牙破琴绝弦，终身不复鼓琴，以为世无足复为鼓琴者。"

三、史《注》："用钟期、伯牙事，不知谓谁。"

四、汉武帝《秋风辞》："怀佳人兮不能忘。"《文选》六臣注："佳人，谓群臣也。"

五、赵彦博《今体诗钞注略》："按公《怀李德素》诗：'古来绝朱弦，盖为知音者。'"

六、纪昀《瀛奎律髓刊误》："此佳人乃指知音之人，非妇人也。"

七、《唐宋诗举要》："《晋书·阮籍传》曰：'籍又能为青白眼。嵇喜来吊，籍作白眼，喜不怿而退。喜弟康闻之，乃赍酒挟琴造焉。籍大悦，乃见青眼。'"

上句用子期、伯牙故事，自然是主意；但"朱弦"影带"一唱三叹有遗音"之意，兼示伯牙琴音之妙，关合这故事的前一半。史说"不知谓谁"，是以为"佳人"实有所指；而这个人或已死，或远离，都可能的。但鲁直也许断章取义，只用"世无足复为鼓琴者"一语，以示钟期已往，世无知音；所谓"佳人"，便指的钟期自己。这么着，他似乎是说，琴弦已为钟期而绝，今世哪里会有知音呢？青眼的故事与琴和酒都有关合处；鲁直也许是说嵇康的《广陵散》已绝[①]，世无可

---

① 《晋书·嵇康传》："康将刑东市……顾视日影，索琴弹之，曰：'昔袁孝尼尝从吾学《广陵散》，吾每靳固之；《广陵散》于今绝矣。'"

加"青眼"之人，"青眼"只好加到美酒上罢了。这两句也许是登临时遐想，也许还带着记事，就是"且喝酒"之意。

万里归船弄长笛，此心吾与白鸥盟。

一、马融《长笛赋》："可以……写神喻意……溉盥污秽，澡雪垢滓矣。"

二、伏滔《长笛赋》："……近可以写情畅神……穷足以怡志保身。"

三、《列子·黄帝》篇："海上之人有好鸥鸟者，每旦之海上，从鸥鸟游。鸥鸟之至者，百住（音数）而不止，其父曰：'吾闻鸥鸟皆从汝游，汝取来吾玩之。'明日之海上，鸥鸟舞而不下也。故曰至言去言，至为无为；齐智之所知，则浅矣。"

四、夏竦《题睢阳》诗："忘机不管人知否，自有沙鸥信此心。"

鲁直是洪州分宁县人，去太和甚近，而说"万里归船"，不免肤廓；此当是杜甫影响，因为甫喜欢用"百年""万里"等大字眼，但他用得合式。两句以思归隐结，本是熟套。"弄长笛"似乎节取马、伏两赋义，与归船相连，却算新意思；"白鸥盟"之"盟"，也似乎未经人道。"此心"即"心"，"此"字别无涵义；心与鸥盟，即慕"无为"。思"忘机"，轻"齐智"（庸俗之人），鄙官事之意，与全篇都有照应。

（《中学生》杂志）

陶诗的深度
——评古直《陶靖节诗笺定本》

注陶诗的，南宋汤汉是第一人。他因为《述酒》诗"直吐忠愤"，而"乱以廋词，千载之下，读者不省为何语"，故加笺释。"及他篇有可发明者，亦并著之。"[1] 所以《述酒》之外，注的极为简略。后来有李公焕的《笺注》，比较详些；但不止笺注，还采录评语。这个本子通行甚久；直到清代陶澍的《靖节先生集》止，各家注陶，都跳不出李公焕的圈子。陶澍的《靖节先生年谱考异》，却是他自力的工作。历来注家大约总以为陶诗除《述酒》等二三首外[2]，文字都平易可解，用不着再费力去作注；一面趣味便移到字句的批评上去，所

---

[1] 以上引语均见汤序注。
[2] 《腊日诗》及《杂诗》第十二都极难解。

以收了不少评语。评语不是没有用，但夹杂在注里，实在有伤体例；仇兆鳌《杜诗详注》为人诟病，也在此。注以详密为贵；密就是密切、切合的意思。从前为诗文集作注，多只重在举出处，所谓"事"；但用"事"的目的所谓"义"，也当同样看重。只重"事"，便只知找最初的出处，不管与当句当篇切合与否；兼重"义"才知道要找那些切合的。有些人看诗文，反对找出处；特别像陶诗，似乎那样平易，给找了出处倒损了它的天然。钟嵘也曾从作者方面说过这样的话；但在作者方面也许可以这么说，从读者的了解或欣赏方面说，找出作品字句篇章的来历，却一面教人觉得作品意味丰富些，一面也教人可以看出哪些才是作者的独创。固然所能找到的来历，即使切合，也还未必是作者有意引用；但一个人读书受用，有时候却便在无意的浸淫里。作者引用前人，自己尽可不觉得；可是读者得给搜寻出来，才能有充分的领会。古先生《陶靖节诗笺定本》用昔人注经的方法注陶，用力极勤；读了他的书才觉得陶诗并不如一般人所想的那么平易，平易里有的是"多义"。但"多义"当以切合为准，古先生书却也未必全能如此，详见下。

从《古笺定本》引书切合的各条看，陶诗用事，《庄子》最多，共四十九次；《论语》第二，共三十七次；《列子》

第三，共二十一次。曾用吴瞻泰《陶诗汇注》及陶澍注本比看，本书所引为两家所无者，共《庄子》三十八条，《列子》十九条；至于引《论语》处两家全未注出。当时大约因为这是人人必读书，所以从略。这里可以看出古先生爬罗剔抉的工夫；而《列子》书向不及《庄子》烜赫，陶诗引《列子》竟有这么多条，尤为意料所不及。沈德潜说："晋人诗旷达者征引《老》、《庄》，繁缛者征引班、扬，而陶公专用《论语》。汉人以下宋人以前，可推圣门弟子者渊明也。"[①] 照本书所引，单是《庄子》便已比《论语》多；再算上《列子》，两共七十次，超过《论语》一倍有余。那么，沈氏的话便有问题了。历代论陶，大约六朝到北宋，多以为"隐逸诗人之宗"，南宋以后，他的"忠愤"的人格才扩大了。本来《宋书》本传已说他"耻复屈身异代"等等[②]。经了真德秀诸人重为品题[③]，加上汤汉的注本，渊明的二元的人格才确立了。但是渊明的思想究竟受道家影响多，还是受儒家影响多，似乎还值得讨论。沈德潜以多引《论语》为言，

---

① 《古诗源》九。

② 拙著《陶渊明年谱中之问题》中有辩，见《清华学报》九卷二期。

③ 参看真德秀《跋黄瀛甫拟陶诗》，见《文集》三十六。

考渊明引用《论语》诸处，除了字句的胎袭，不外"游好在六经"，"忧道不忧贫"两个意思①。这里六经自是儒家典籍，固穷也是儒家精神，只是"道"是什么呢？渊明两次说"道丧向千载"②，但如何才叫做"道丧"，我们可以看《饮酒》诗第二十云："羲农去我久，举世少复真。汲汲鲁中叟，弥缝使其淳。""真"与"淳"都不见于《论语》③。什么叫"真"呢？我们可以看《庄子·渔父篇》云：

> 真者，所以受于天也，自然不可易也。故圣人法天贵真，不拘于俗。

"真"就是自然。"淳"呢？《老子》五十八章："其政闷闷，其民淳淳"，王弼注云：

> 言善治政者无形无名，无事无政可举，闷闷然卒至于大治，故曰"其政闷闷"也。其民无所争竞，宽大淳淳，故曰"其民淳淳"也。

---

① 《饮酒》诗第十六及《癸卯始春怀古田舍》诗第二。
② 《示周掾祖谢》及《饮酒》诗第三。
③ 据日本森本角藏《四书索引》。

陶《劝农》诗云："悠悠上古，厥初生民，傲然自足，抱朴含真。"《感士不遇赋》云："……抱朴守静，君子之笃素。自真风告逝，大伪斯兴。……""抱朴"也是《老子》的话①。也就是"淳"的一面。"真"和"淳"都是道家的观念，而渊明却将"复真""还淳"的使命加在孔子身上；此所谓孔子学说的道家化，正是当时的趋势②。所以陶诗里主要思想实在还是道家。又查慎行《诗评》论《归田园居》诗第四云："先生精于释理，但不入社耳。"此指"人生似幻化，终当归空无"二语。但本书引《列子》、《淮南子》解"幻化"、"归空无"甚确，陶诗里实在也看不出佛教影响。

陶诗里可以确指为"忠愤"之作者，大约只有《述酒》诗和《拟古》诗第九。《述酒》诗"庾词"太多，古先生所笺可以说十得六七，但还有不尽可信的地方，——比汤注自然详密得远了。《拟古》诗第九怕只是泛说，本书以为"追痛司马休之之败"，却未免穿凿。至于《拟古》诗第三、第七，《杂诗》第九、第十一，《读山海经》诗第九，本书

---

① 十九章："见素抱朴，少私寡欲。"
② 冯友兰《中国哲学史》下册六〇二至六〇四面。

也都以史事比附，文外悬谈，毫不切合，难以起信。大约以"忠愤"论陶的，《述酒》诗外，总以《咏荆轲》、《咏三良》及《拟古》诗、《杂诗》助成其说。汤汉说："三良与主同死，荆轲为主报仇，皆托古以自见。"其实"三良"与"荆轲"都是诗人的熟题目：曹植有《三良诗》，王粲《咏史》诗也咏"三良"；阮瑀有《咏史》诗二首，咏"三良"及荆轲事。渊明作此二诗，不过老实咏史。未必别有深意。真德秀、汤汉又以《拟古》诗第八"首阳"、"易水"为说；但还只是偶尔断章取义。刘履作《选诗补注》乃云："凡靖节退休后所作之诗，类多悼国伤时托讽之词。然不欲显斥。故以'拟古'、'杂诗'等目名其题"，二十一篇诗就全变成"忠愤"之作了。到了古先生，更以史事枝节傅会，所谓变本加厉。固然这也有所本，《诗毛传郑笺》可以说便是如此；但毛、郑所引史实大部分岂不也是不切合的！以上这些诗，连《述酒》在内，历来并不认为是渊明的好诗。朱熹虽评《咏荆轲》诗"豪放"，但他总论陶诗，只说："平淡出于自然"，他所重的还是"萧散冲澹之趣"①，便是那些田园诗里所表现的。田园诗才是渊明的独创；他到底还是"隐逸

---

① 参看《朱子语类》卷百四十。

诗人之宗"，钟嵘的评语没有错。朱熹又说："陶欲有为而不能者也"，这却有些对的。《杂诗》第五云："忆我少壮时，无乐自欣豫。猛志逸四海，骞翮思远翥。"《饮酒》诗第十六及《荣木》诗也以"无成"、"无闻"为恨。但这似乎只是少壮时偶有的空想，他究竟是"少无适俗韵，性本爱丘山"的人。

钟嵘说陶诗"源出于应璩，又协左思风力"。应璩诗存者太少，无可参证。游国恩先生曾经想在陶诗字句里找出左思的影响[①]。他所找出的共有七联，其中左思《招隐》诗："杖策招隐士，荒涂横古今"，确可定为渊明《和刘柴桑》诗"山泽久见招"、"荒途无归人"二语所本，"聊欲投吾簪"确可定为渊明《和郭主簿》诗第一"聊用忘华簪"所本。本书所举却还有左思《咏史》诗"寂寂扬子宅"（为渊明《饮酒》诗"寂寂无行迹"所本），"寥寥空宇中"（为渊明《癸卯岁十二月中作》"萧索空宇中"所本），"遗烈光篇籍"（为同上"历览千载书，时时见遗烈"所本），及《杂诗》"高志局四海"（为渊明《杂诗》"猛志逸四海"所本）四句。不过从本书里看，左思的影响并不顶大；陶诗

---

① 述学社《国学月报汇刊》第一集一三九、一四〇面。

意境及字句脱胎于《古诗十九首》的共十五处，字句脱胎于嵇康诗赋的八处，脱胎于阮籍《咏怀》诗的共九处。那么《诗品》的话就未免不赅不备了。但就全诗而论，胎袭前人的地方究竟不多；他用散文化的笔调，却能不像"道德论"而合乎自然，才是特长。这与他的哲学一致。像"结庐在人境，而无车马喧"，"人生归有道，衣食固其端。孰是都不营，而以求自安"[①]，都是从前诗里不曾有过的句法；虽然他是并不讲什么句法的。

本书颇多胜解。如《命子》诗"既见其生，实欲其可"的"可"字，注家多忽略过去，本书却证明"题目入以'可'字，乃晋人之常。"[②]《和刘柴桑》诗，题下引《隋书·经籍志》注："梁有'晋'柴桑令《刘遗民集》五卷。《录》一卷。"证"刘柴桑"即"刘遗民"。此事向来只据李公焕注，得此确证，可为定论。又"弱女虽非男，慰情良胜无"，或以为比酒之醨薄，或以为赋，都无证据。本书解为比，引《魏书·徐邈传》及《世说》，以见"魏、晋人每好为酒品目，靖节亦复尔尔"[③]。《还旧居》诗"常恐大化尽，气力不及

---

① 《庚戌岁九月中于西田获早稻》诗。
② 卷一，十四叶。
③ 卷二，十二叶。

衰",次句向无人能解;本书引《礼记·王制》"五十始衰",及《檀弓》郑注,才知"常恐……不及衰",即常恐活不到五十岁之意①。《饮酒》诗第十六"孟公不在兹,终以翳吾情",旧注都以"孟公"为投辖的陈遵,实与本诗不切;本书据诗中境地定为刘龚,确当不易②。又第十八前以扬子云自比,后复以柳下惠自比。这二人间的关系,向来无人能说;本书却引《法言》及他书证明"子云以柳下惠自比,故靖节以柳下惠比之"③。又如《杂诗》第六起四句云:"昔闻长老言,掩耳每不喜;奈何五十年,忽已亲此事!"诸家注都不知"此事"是何事。本书引陆机《叹逝赋·序》"昔每闻长老追计平生同时亲故;或凋落已尽,或仅有存者……"④乃知指的是亲故凋零。

但书中也不免有疏漏的地方。如《停云》诗"岂无他人",本书引《诗·唐风·杕杜》⑤,实不如引《郑风·褰裳》切合些。《命子》诗"寄迹风云,冥兹愠喜",下句本书

---

① 卷三,五叶六叶。
② 卷三,十二叶。
③ 卷三,十三叶。
④ 卷四,六叶。
⑤ 原作"小雅",误。

引《庄子》为解，不如引《论语·公冶长》"令尹子文三仕为令尹，无喜色，三已之，无愠色"。《归田园居》诗第二"常恐霜霰至，零落同草莽"，上句无注，似可引《诗·小雅·頍弁》"如彼雨雪，先集维霰"，及《楚辞·九辩》"霜露惨凄而交下兮，心尚幸其弗济。霰雪雰糅其增加兮，乃知遭命之将至"，这两句诗是所谓赋而比的。《怨诗楚调示庞主簿邓治中》末云："慷慨独悲歌，钟期信为贤"，"钟期"明指庞、邓，意谓只有你们懂得我。不必引古诗为解。《答庞参军·序》："杨公所叹，岂惟常悲"；李公焕注；"杨公，杨朱也。"本书引《淮南子》杨子哭歧路故事，但未申其"义"。按《文选》有晋孙楚《征西官属送于陟阳侯作诗》，起四句云："晨风飘歧路，零雨被秋草。倾城远追送，饯我千里道。"这里的"歧路"只是各自东西的歧路，而不是那"可以南可以北"的了。可见这时候"歧路"一词，已有了新的引申义；渊明所用便是这个新义。"杨公所叹"只是"歧路"的代语，"叹"字的意思是不着重的。《和郭主簿》诗第一末云："遥遥望白云，怀古一何深。"本书解云："遥遥望白云"即"富贵非吾愿，帝乡不可期"也①。这原是何焯的话，富贵二语见《归去来辞》。但怀古与白云或帝乡究竟怎样关联呢？按《庄子·天地篇》："华封人谓尧曰："夫圣人鹑居而鷇饮，鸟行而无章。天下有道，与物皆昌。千岁厌世，去而上仙。乘彼白云，至于帝乡。三患莫至，身无常殃，则何辱之有！"《怀古》也许怀的是这种乘白云至帝乡的古圣人。又第二末云："检素不获展，厌厌竟良月"本书所解甚曲。"检素"即简素，就是书信；"检索不获展"就是接不着你的信。《饮酒》诗第十三"规规一何愚"，引《庄子·秋水》"适适然惊，规规然自失也"，不切，不如引下文"子乃规规然而求之以察，索之以辩"。《止酒》诗每句藏一"止"字，当系俳谐体。以前及当时诸作，虽无可供参考，但宋以后此等诗体大盛，建除、数名、县名、姓名、药名、卦名之类，不一而足，必有所受之。逆推而上，此体当早已存在。但现存的只《止酒》一首，便觉得莫名其妙了。本书引《庄子》"惟止能止众止"颇切；但此体源流未说及。

古先生有《陶靖节诗笺》，于民国十五年印行，已经很详尽。丁福保先生《陶渊明诗注》引用极多。《定本》又加

---

① 卷二，十三叶。

了好些材料，删改处也有；虽然所删的有时并不应删，就如《停云》诗"搔首延伫"一句，原引《诗经·静女》"爱而不见，搔首踟蹰"和阮籍《咏怀》"感时兴思，企首延伫"，《定本》却将阮籍诗一条删去了。我们知道陶渊明常用阮诗，他那句话兼用《静女》及《咏怀》或从《静女》及《咏怀》脱胎，是很可能的；古先生这条注实在很切合。《定本》所改却有好的，如《饮酒》诗第十八的注便是（详上文）。《诗笺》中四言诗注未用十分力，《定本》这一卷里却几乎加了篇幅一半。

国家新闻出版广电总局
首届向全国推荐中华优秀传统文化普及图书

大家小书书目

出版说明

　　"大家小书"多是一代大家的经典著作，在还属于手抄的著述年代里，每个字都是经过作者精琢细磨之后所拣选的。为尊重作者写作习惯和遣词风格、尊重语言文字自身发展流变的规律，为读者提供一个可靠的版本，"大家小书"对于已经经典化的作品不进行现代汉语的规范化处理。

　　提请读者特别注意。

北京出版社